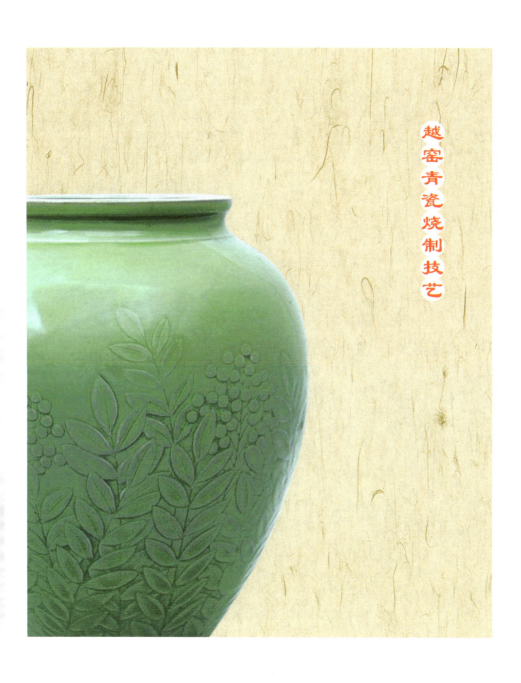

越窑青瓷烧制技艺

越窑青瓷烧制技艺

总主编 金兴盛

浙江省非物质文化遗产代表作丛书

浙江摄影出版社

稽锡贵 陈趣联 柯妮赛
林天仁

编著

主编

浙江省非物质文化遗产
代表作丛书编委会

顾　问　葛慧君　郑继伟

主　任　金兴盛　钱巨炎

副主任　柳　河　金慧群

编　委　童芍素　高而颐　吕伟强　曹　鸿　金　涛

　　　　董立国　胡　红　罗永祥　俞伟杰　王　淼

　　　　裘国樑　陶文杰　潘邦顺

专家组　（按姓氏笔画为序）

　　　　马来法　马其林　王全吉　王其全　王　雷

　　　　卢竹音　吕洪年　许林田　朱德明　连晓鸣

　　　　李发明　李　虹　李　晖　吴海刚　吴露生

　　　　陈华文　陈睿睿　杨思好　严慧荣　林　敏

　　　　季海波　郑楚森　胡　敏　祝汉明　都一兵

　　　　顾希佳　郭　艺　徐宏图　徐金尧　黄大同

　　　　蒋水荣　蒋中崎　檀　梅

总　序

中共浙江省委书记
省人大常委会主任　夏宝龙

　　非物质文化遗产是人类历史文明的宝贵记忆，是民族精神文化的显著标识，也是人民群众非凡创造力的重要结晶。保护和传承好非物质文化遗产，对于建设中华民族共同的精神家园、继承和弘扬中华民族优秀传统文化、实现人类文明延续具有重要意义。

　　浙江作为华夏文明发祥地之一，人杰地灵，人文荟萃，创造了悠久璀璨的历史文化，既有珍贵的物质文化遗产，也有同样值得珍视的非物质文化遗产。她们博大精深，丰富多彩，形式多样，蔚为壮观，千百年来薪火相传，生生不息。这些非物质文化遗产是浙江源远流长的优秀历史文化的积淀，是浙江人民引以自豪的宝贵文化财富，彰显了浙江地域文化、精神内涵和道德传统，在中华优秀历史文明中熠熠生辉。

　　人民创造非物质文化遗产，非物质文化遗产属于人民。为传承我们的文化血脉，维护共有的精神家园，造福子孙后代，我们有责任进一步保护好、传承好、弘扬好非物质文化遗产。这不仅是一种文化自觉，是对人民文化创造者的尊重，更是我们必须担当和完成好的历史使命。对我省列入国家级非物质文化遗产保护名录的项目一项一册，编纂"浙江省非物质文化遗产代表作丛书"，就是履行保护传承使命的具体实践，功在当代，惠及后世，有利于群众了解过去，以史为鉴，对优秀传统文化更加自珍、自爱、自觉；有利于我们面向未来，砥砺勇气，以自强不息的精神，加快富民强省的步伐。

党的十七届六中全会指出，要建设优秀传统文化传承体系，维护民族文化基本元素，抓好非物质文化遗产保护传承，共同弘扬中华优秀传统文化，建设中华民族共有的精神家园。这为非物质文化遗产保护工作指明了方向。我们要按照"保护为主、抢救第一、合理利用、传承发展"的方针，继续推动浙江非物质文化遗产保护事业，与社会各方共同努力，传承好、弘扬好我省非物质文化遗产，为增强浙江文化软实力、推动浙江文化大发展大繁荣作出贡献！

（本序是夏宝龙同志任浙江省人民政府省长时所作）

前 言

浙江省文化厅厅长 金兴盛

　　要了解一方水土的过去和现在，了解一方水土的内涵和特色，就要去了解、体验和感受它的非物质文化遗产。阅读当地的非物质文化遗产，有如翻开这方水土的历史长卷，步入这方水土的文化长廊，领略这方水土厚重的文化积淀，感受这方水土独特的文化魅力。

　　在绵延成千上万年的历史长河中，浙江人民创造出了具有鲜明地方特色和深厚人文积淀的地域文化，造就了丰富多彩、形式多样、斑斓多姿的非物质文化遗产。

　　在国务院公布的四批国家级非物质文化遗产名录中，浙江省入选项目共计217项。这些国家级非物质文化遗产项目，凝聚着劳动人民的聪明才智，寄托着劳动人民的情感追求，体现了劳动人民在长期生产生活实践中的文化创造，堪称浙江传统文化的结晶，中华文化的瑰宝。

　　在新入选国家级非物质文化遗产名录的项目中，每一项都有着重要的历史、文化、科学价值，有着典型性、代表性：

　　德清防风传说、临安钱王传说、杭州苏东坡传说、绍兴王羲之传说等民间文学，演绎了中华民族对于人世间真善美的理想和追求，流传广远，动人心魄，具有永恒的价值和魅力。

泰顺畲族民歌、象山渔民号子、平阳东岳观道教音乐等传统音乐，永康鼓词、象山唱新闻、杭州市苏州弹词、平阳县温州鼓词等曲艺，乡情乡音，经久难衰，散发着浓郁的故土芬芳。

泰顺碇步龙、开化香火草龙、玉环坎门花龙、瑞安藤牌舞等传统舞蹈，五常十八般武艺、缙云迎罗汉、嘉兴南湖掼牛、桐乡高杆船技等传统体育与杂技，欢腾喧闹，风貌独特，焕发着民间文化的活力和光彩。

永康醒感戏、淳安三角戏、泰顺提线木偶戏等传统戏剧，见证了浙江传统戏剧源远流长，推陈出新，缤纷优美，摇曳多姿。

越窑青瓷烧制技艺、嘉兴五芳斋粽子制作技艺、杭州雕版印刷技艺、湖州南浔辑里湖丝手工制作技艺等传统技艺，嘉兴灶头画、宁波金银彩绣、宁波泥金彩漆等传统美术，传承有序，技艺精湛，尽显浙江"百工之乡"的聪明才智，是享誉海内外的文化名片。

杭州朱养心传统膏药制作技艺、富阳张氏骨伤疗法、台州章氏骨伤疗法等传统医药，悬壶济世，利泽生民。

缙云轩辕祭典、衢州南孔祭典、遂昌班春劝农、永康方岩庙会、蒋村龙舟胜会、江南网船会等民俗，彰显民族精神，延续华夏之魂。

我省入选国家级非物质文化遗产名录项目，获得"四连冠"。这不仅是我省的荣誉，更是对我省未来非遗保护工作的一种鞭策，意味着今后我省的非遗保护任务更加繁重艰巨。

重申报更要重保护。我省实施国遗项目"八个一"保护措施，探索落地保护方式，同时加大非遗薪传力度，扩大传播途径。编撰浙江非遗代表作丛书，是其中一项重要措施。省文化厅、省财政厅决定将我省列入国家级非物质文化遗产名录的项目，一项一册编纂成书，系列出版，持续不断地推出。

这套丛书定位为普及性读物，着重反映非物质文化遗产项目的历史渊源、表现形式、代表人物、典型作品、文化价值、艺术特征和民俗风情等，发掘非遗项目的文化内涵，彰显非遗的魅力与特色。这套丛书，力求以图文并茂、通俗易懂、深入浅出的方式，把"非遗故事"讲述得再精彩些、生动些、浅显些，让读者朋友阅读更愉悦些、理解更通透些、记忆更深刻些。这套丛书，反映了浙江现有国家级非遗项目的全貌，也为浙江文化宝库增添了独特的财富。

在中华五千年的文明史上，传统文化就像一位永不疲倦的精神纤夫，牵引着历史航船破浪前行。非物质文化遗产中的某些文化因子，在今天或许已经成了明日黄花，但必定有许多文化因子具有着超越时空的生命力，直到今天仍然是我们推进历史发展的精神动力。

省委夏宝龙书记为本丛书撰写"总序"，序文的字里行间浸透着对祖国历史的珍惜，强烈的历史感和拳拳之心。他指出："我们有责任进一步保护好、传承好、弘扬好非物质文化遗产。这不仅是一种文化自觉，是对人民文化创造者的尊重，更是我们必须担当和完成好的历史使命。"言之切切的强调语气跃然纸上，见出作者对这一论断的格外执着。

非遗是活态传承的文化，我们不仅要从浙江优秀的传统文化中汲取营养，更在于对传统文化富于创意的弘扬。

非遗是生活的文化，我们不仅要保护好非物质文化表现形式，更重要的是推进非物质文化遗产融入愈加斑斓的今天，融入高歌猛进的时代。

这套丛书的叙述和阐释只是读者达到彼岸的桥梁，而它们本身并不是彼岸。我们希望更多的读者通过读书，亲近非遗，了解非遗，体验非遗，感受非遗，共享非遗。

2015年12月20日

目录

一、越窑青瓷概述

越窑是我国烧瓷历史最早的瓷窑之一，属于最著名的青瓷窑系。越窑的主要产地在古越人的居住之地，唐代称之为越州，越窑因此而得名。

一、越窑青瓷概述

　　浙江是我国古代瓷业的主要发源地和产区之一。特别是越窑，制瓷历史最早，是首先突破原始瓷器烧造，走向成熟瓷器生产的窑场，它为我国瓷业的创建和发展做出了巨大的贡献。

　　越窑是我国烧瓷历史最早的瓷窑之一，属于最著名的青瓷窑系。越窑的主要产地在古越人的居住之地，唐代称之为越州，越窑因此而得名。考古证明最早的成熟瓷器出现在浙江省的宁绍平原东部地区，窑址在现在的慈溪、余姚、绍兴、上虞、萧山一带（在唐代天宝年间，越州辖会稽、山阴、诸暨、余姚、剡县、萧山、上虞七县）。越窑的制瓷技艺、装饰工艺和造型款式，在中国古代均达到了极高水平。尤其是专门烧造的宫廷用瓷"秘色瓷"，是我国古代陶瓷烧造的经典，因此，它的影响是广泛而深远的。

　　越窑延续烧造了一千多年，是我国陶瓷烧造延续时间较长，影响范围极广，文化内涵丰富的窑系。越窑青瓷的成熟工艺，使其在造型和装饰艺术上都达到了很高的水平。由于它的釉色清透且适宜刻、印、划花等装饰，并且还发展了褐彩的彩绘形式。受唐代金银器、丝绸、漆器等手工工艺图案等影响，形成了越窑青瓷独特的装饰风格。捏塑的陶瓷雕塑品种在越窑青瓷中数量繁多，成为其造型艺术的重要特色之一。

2011年，越窑青瓷烧制技艺被国务院列入第三批国家级非物质文化遗产名录，保护责任地分别为：绍兴市上虞区、宁波慈溪市和杭州市西湖区。

[壹]历史沿革

（一）越窑的定义

越窑是东汉至宋代在浙江东北部宁绍平原一带以生产青瓷为主的一个庞大的瓷窑群体，产品的种类、釉色、纹饰与制瓷工艺都极相似，且产生、发展、高潮，直至消亡的时间也都较为接近，而所处之地同属古越地，故以"越窑"一名相称。

越窑之名，最早见于唐代，陆羽在《茶经》中说越瓷类玉、类冰。浙江其他地区的窑场也能生产出越窑风格的青瓷，但不能称之为越窑，而只能称为越窑系列中的其他窑场。

新中国成立后，陶瓷考古学渐渐兴盛。因两晋窑场众多且两晋青瓷制品较早为人们所认识，认为越窑起源于魏晋，故把越窑产品称为晋瓷或青釉器。也因有的青瓷制品上铭有"会稽上虞"、"会稽始宁"等文字，故也把越窑称为会稽窑或上虞窑。为了避免名称上的混淆，由中国硅酸盐学会主编的古陶瓷权威专著《中国陶瓷史》主张对越窑的名称加以统一。书中"江南瓷窑的分布和产

2006年，古陶瓷学会代表在参观尼姑婆山窑址

品的特点" 一节论述："越窑的主要产地上虞、余姚、绍兴等，原为古代越人居地，东周时是越国的政治经济中心，秦汉至隋属会稽郡，唐改为越州，宋时又更名为绍兴府，两千多年来，府与县名随王朝的更替而有几次更改。但是这里的陶瓷业自商周以来，都在不断地发展着。特别是东汉到宋的一千多年间，瓷器生产从未间断，规模不断扩大，制瓷技术不断提高，经历了创造、发展、繁盛和衰落几个大的阶段。将绍兴、萧山、上虞、慈溪、余姚等地唐以前早期瓷窑统称为'越窑'，既可看清越窑发生、发展的全过程，还可避免早期越窑定名上的混乱，如'青釉器物'、'晋瓷'，或把它

另行定名为'会稽窑'等。"

(二)越窑的历史沿革

越窑青瓷烧制历史悠久,经历了创始期(东汉时期)→发展期(东吴时期)→繁荣期(西晋时期)→停滞期(东晋时期)→低落期(南朝)→恢复期(初唐、盛唐时期)→发展期(中唐时期)→繁荣期(晚唐时期)→鼎盛期(五代、北宋早期)→衰落期(北宋晚期)→停烧期(南宋中期)。

东汉时,中国最早的瓷器在越窑的龙窑里烧制成功。越窑在东汉到宋的一千多年的烧造历史中,经历了创烧、发展、鼎盛和衰落的发展过程。自中唐至北宋早期的两个世纪是越窑的鼎盛时期,其生产规模、工艺水平、产品质量在各大名窑中均居领先地位,而且还远销亚洲、非洲的近二十个国家和地区。浙江的慈溪、上虞等地是越窑青瓷的中心产地,也是海上陶瓷之路的起点之一。慈溪的上林湖及其周围的古银锭湖、杜湖、白洋湖地区,上虞以小仙坛窑场、章镇前进、湾头等为代表的上虞曹娥江中游地区,都是烧造青瓷规模巨大的窑场,堪称唐宋瓷都,所烧造的秘色瓷备受推崇,在中国陶瓷史上具有极高的地位,堪称中国的母亲瓷。

东汉是越窑青瓷的初创时期,青瓷的烧制成功是浙江地区原始瓷的工艺发展和技术积累的必然结果。这一时期的青瓷产品在成型、烧制工艺上与原始瓷一脉相承,器形、装饰上多有仿铜器和漆

东汉·越窑青瓷四耳罐

器。东汉至三国期间，瓷胎较白，呈淡灰色，少数胎质较松，呈淡淡的土黄色，釉色以淡青色为主，浅雅明亮，少有黄釉或青黄釉。器物纹饰简朴，常见有弦纹、水波纹及叶脉纹等。烧制上多用三足支钉叠烧，故盘、碗内底留有三足支钉痕。

三国末至西晋时期是越窑青瓷的第一个发展高峰期，产品种类（特别是明器）非常丰富，如鸡笼、狗圈、猪圈、男女俑等。装饰题材和装饰技法多种多样，尤以动物题材最为普遍，有以动物形象作为整体造型的，如羊形独台、蟾蜍水盂等，也有作为局部装饰的，如鸡头壶、虎头罐、兽足洗等。最有代表性的是集多种动物形象和人物、亭台楼阁于一身的堆塑罐，这种大型的明器构造复杂、形象众多。

　　三国末至西晋这个时期的瓷器胎体稍厚，胎色较深，呈灰色或深灰色。釉层厚而均匀，普遍呈青灰色。常见的装饰是在器物的口沿和肩腹部划弦纹或压印斜方格网纹、联珠纹、忍冬纹和鸟兽纹等。网纹起于吴末，讫于东晋，西晋时盛行。西晋晚期出现褐色点彩，应用十分广泛，东晋时弦纹仍常见。南朝时以刻划莲瓣纹或荷花纹为主，花瓣多由3~5条划线组成，且沿用至唐初；褐色点彩依然流行，但褐点缩小，呈小圆珠形，排列细密，与东晋时有差别。西晋时则用锯齿口的盂形垫具叠烧，故盘、碗内底留有一圈锯齿痕。东晋仍沿用此法，但已出现坯件之间只放几颗圆形泥珠（托珠）垫隔，器物内底留有圆形泥珠痕迹。

　　东晋时越窑渐趋停滞，南朝时明显低落，至隋代时已是奄奄一息了，在浙东地区几乎难以找到隋代的越窑遗址。这一时期，器物种类减少，鸡头壶较流行，堆塑罐和其他小明器不再生产，动物形象大大减少，且多消瘦呆板。以褐色点彩和莲瓣纹为最主要的装饰。莲瓣纹盛行于南朝，折射出当时佛教在中国的发展和影响。由于这一时期社会的动荡和经济的恶化，越窑一直在走下坡路，但依然有一些赏心悦目的产品。

唐朝是我国历史上一个繁荣昌盛的时期,各类手工业得到了蓬勃发展,瓷业生产出现遍地开花、相互争艳的局面。而慈溪上林湖地区是越窑的中心产区,也是当时南方青瓷中心的杰出代表,迄今已发现唐宋窑址170余处。唐代早期,瓷业生产还未走出低谷,未见规模可观的窑址群落,仍处在恢复阶段。进入中唐以后,制瓷技术进一步改进,大量使用匣钵装烧,瓷器质量显著提高,窑址数量剧增,以上林湖为中心的瓷业迅速拓展,在其周围的白洋湖、里杜湖、古银锭湖以及上虞、镇海、鄞州等地相继设立窑场,规模宏大,窑场林立。

唐代的瓷器胎质细腻致密,呈浅灰、灰或淡紫色。釉层匀净,呈黄色或青中泛黄色,滋润而不太透明。唐代偏重造型和釉色,且追求玉般效果,故纹饰简练,常见的纹饰有龙凤、寿鹤和花卉等。其装饰技法以划花为主,划花线条较粗;也有少量印花、刻花和镂雕。在烧制工

西晋·越窑青瓷灯盏

艺上唐代基本采用托珠垫隔，晚期才开始用匣钵装烧，质量大有提高，所烧器物基本满釉，底足内有数个圆形泥珠痕。越窑青瓷在唐代赢得了"千峰翠色"、"如冰"、"似玉"等美誉，秘色瓷更是成为一代名瓷。越窑繁盛时期秘色窑的烧造工艺，促进了越窑青瓷的发展。唐代诗人皮日休的"邢客与越人，皆能造兹器；圆似月魂堕，轻如云魄起"及陆龟蒙的"九秋风露越窑开，夺得千峰翠色来"，都反映了当时越窑青瓷制作工艺的高超。越窑在同时代的窑场里，无论是制瓷工艺，还是品类产量，都胜出一筹。越窑成熟制瓷的工艺与规模也为其发展奠定了雄厚的实力基础，形成了以江南越窑为主的青瓷体系。它与中原邢窑为主的白瓷体系并驾齐驱，确立了中国唐代

唐·越窑青瓷粉盒

"南青北白"的陶瓷生产局面。从出土的越窑秘色瓷看到,其胎质
细腻坚固,大多呈青灰色。釉色均匀滋润,釉层没有气泡,为半透明
状,色彩以青绿为主,已从以往越窑的青中泛黄不成熟的还原色,进
步到还原较稳定的青灰色,这一釉色的改变较两晋时期无疑是一大
进步。秘色瓷灰绿色的调子,雅致而柔和,使人联想起江南春天里
带有淡淡清香的艾草,故而,在民间又称其为艾色。由此可以判断,
当时能烧造出如此细腻的釉色,其釉料的选择、陈腐、淘洗、研磨等
工艺都是不惜工本的。

　　唐代晚期,以上林湖
越窑为代表的瓷业生产
已进入了鼎盛状态,制瓷
技术也达到了炉火纯青
的阶段。产品种类繁多,
制作精致,造型优美。器
形有碗、盘、盏、杯、盆、
钵、壶、罐、盒、水盂、
唾盂、灯、香熏、瓶、鸟
玩等,釉色纯净,光泽、
滋润,如冰似玉,隐露精
光。器表装饰有刻划花、

唐乾符六年·蟠龙罂

印花、褐色彩绘和镂雕等。花纹有荷花、荷叶、飞鸟、云、龙、鱼等。刻线流畅粗放，刀法娴熟。器物普遍采用匣钵装烧，有一匣一件和一匣多件装烧。

五代时期，江浙一带的吴越国，较少战争，故越窑的瓷业生产得以继续发展，产品质量仍独步天下。器物造型、釉色、装饰及装烧工艺等方面继承唐代风格，器形繁多，胎壁普遍减薄，造型变得轻巧优美，折射出以釉色和造型取胜的时代风尚。

北宋早期，越窑继续繁荣发展，器物造型精巧秀丽，釉色青绿，纯净而透明；盛行纤细划花装饰，技法娴熟，图样简洁清秀。装饰题材广泛，有鸳鸯戏荷、双蝶相向、龟伏荷叶、双凤衔枝、鹦鹉对鸣、鹤翔云间、鸟栖花丛，还有人物纹、牡丹纹、莲瓣纹、水波纹、缠枝纹、龙纹等，形象生动逼真，栩栩如生。

北宋中期，制瓷工艺渐趋衰退，产品质量明显下降，但仍偶见工艺精湛的产品。至北宋晚期，器物大多采用明火装烧，制作粗糙，刻划花纹简单草率，釉色灰暗，缺乏光泽，品种趋向单调，瓷业生产已完全衰落。

南宋初期，由于朝廷征烧祭器和生活用瓷，促使上林湖寺龙口、低岭头、开刀山一带瓷业生产再度兴旺，出现了一个新的短暂繁荣时期。

五代至宋代时期的越窑瓷的胎体厚重、坚致，胎色灰白。黄釉逐渐减少, 青釉多数带灰色, 釉层透明。但划花线条趋细, 刻花装饰亦不盛行, 光素无纹的器物仍占很大的比例。北宋时盛行花纹装饰, 采用刻、划、镂、雕和堆雕等多种手法, 常见纹饰有蝴蝶、鸳鸯、鹦鹉、游鱼、孩童和花卉等。五代至宋代时还出现以长条细泥垫隔, 故有的器物底足内留有数段长条细泥痕迹。五代的余姚窑场是吴越钱氏烧贡瓷的主要窑场, 其造型多为杯、盘、碗、壶、托、瓶等日用器皿, 多以刻花装饰, 其纹饰题材以人物、山水、走兽、花鸟、草虫为主, 釉色纯正, 刀法娴熟, 工艺精良, 是越窑中的上乘之作。吴越降宋后, 瓷器产量减少, 宋以后由于龙泉窑的兴起, 越窑逐渐衰落。

[贰]地域分布

(一)越窑的地域分布

历史上, 浙东先后有三大越窑青瓷生产中心: 上虞曹娥江中游地区、慈溪上林湖一带和鄞州东钱湖地区。东汉、三国至南朝时期, 曹娥江中游地区出现了瓷业生产的高峰, 成为先越窑的生产中心。上林湖地区的同类瓷业遗存仅19处, 明显受到曹娥江中游地区的影响, 成为先越窑的地方类型窑址。经过隋唐初中期的发展至北宋前期, 上林湖及周围的白洋湖、里杜湖和古银锭湖等地的瓷业生产蓬勃发展, 蔚为壮观, 达到鼎盛状态, 成为越窑青瓷的中心产区。与此同时, 随着与日俱增的"贡瓷"和对外贸易用瓷的日益增长, 宁波的东钱湖、上虞的窑寺前等地相继增设窑场, 扩大生产规模, 形成了一个以上林湖窑场为代表的越窑中心。台州的临海许墅、黄岩沙埠、金华的武义、东阳和温州的西山等地，出现了与越窑相类似的地方类型窑址，成为越窑系的重要组成部分。至北宋后期，窑址数量锐减，制瓷工艺衰退，产品粗糙，瓷业生产江河日下，出现大衰败。南宋时期，由于朝廷下令余姚县（今余姚市）烧造宫廷用瓷，濒临消亡的瓷业生产得到暂时的繁荣，但好景不长，至南宋中期停烧。三大中心，以慈溪上林湖为最盛。从遗址的情况看，上林湖越窑遗址堆积丰富，规模宏大，时间跨度长，因而被称为"露天青瓷博物馆"。

在《中国陶瓷史》中，对越窑的地域范畴有明确的表述，在该书的第四章第一节"江南瓷窑的分布和产品的特点"中说："越窑青瓷自东汉创烧以来，中经三国两晋，到南朝获得了迅速的发展。瓷窑遗址在绍兴、上虞、余姚、鄞县（今宁波市鄞州区）、宁波、奉化、临海、萧山、慈溪、湖州等地都有发现，是我国最先形成的窑场众多、分布地区很广、产品风格一致的瓷窑体系，也是当时我国瓷器生产的一个主要窑场。"该书的第五章第二节"唐、五代的青瓷"中的"越窑"部分，对唐代越窑的分布区域也作了阐述："唐代越窑制瓷作坊仍集中在上虞、余姚、宁波等地。随着瓷器质量的提高和需要量的增加，瓷场迅速扩展，诸暨、绍兴、镇海、鄞县、奉化、临海、黄岩等县相继建立瓷窑，形成一个庞大的瓷业系统。"

《中国陶瓷史》对越窑地域的界定已为古陶瓷界所接受，在实际工作和研究中也自觉或不自觉地被采用。

也有人提出越窑系概念,把婺州窑、瓯窑、龙泉窑、耀州窑、景德镇窑等受越窑影响而生产越窑类型的青瓷窑场归入越窑系列,认为它们与越窑之间应该是子系统与母系统之间的关系。这样,越窑系的时空概念又大大拓展了。

(二)上虞越窑瓷器的分布情况

20世纪五六十年代,文物考古界普遍认为瓷器产生于魏晋时期。直到70年代,在上虞发现了多处东汉瓷窑遗址,在文物考古界引起了巨大的反响。朱伯谦先生在《浙江上虞县发现的东汉瓷窑址》一文的开头这样写道:"上虞县(今绍兴市上虞区)文化馆从1972年到1977年先后在上浦公社石浦大队的龙池庙后山、小仙坛、大陆岙,友谊大队凤凰山和联江公社红光大队帐子山,凌湖大队畚箕岙、倒转岗等地发现东汉瓷窑遗址多处,进一步证实我国瓷器产生于汉代,改变了以前的魏晋有瓷说,并找到了产地。"

上虞东汉瓷窑遗址的数量与密集程度,是同时期其他瓷业产区所难与为匹的。

虽然在绍兴县夏履镇新民村的车水岭,慈溪上林湖的周家岙、桃园,宁波市郊的郭塘岙、玉缸山等越窑区域也发现了东汉中晚期的瓷窑遗址,但这些区域发现的东汉瓷窑遗址的数量都较少,只有几处。而根据多年的文物调查,在上虞境内已发现54处东汉瓷窑遗

禁山窑址碎瓷片

址，这些窑址主要分布在上浦镇，梁湖镇境内也有一定数量，其他则散布在汤浦镇、章镇、驿亭镇、百官街道。上浦镇的石浦村、大湖岙、凌湖，梁湖镇的拗花山，这些村落的周边地区是东汉窑址分布最密集的地区。

上虞东汉瓷窑遗址，不但数量多，而且烧造技术稳定，质量远胜他处。

浙江的温州、金华和湖南、江西、江苏的一些窑场在东汉晚期开始烧制青瓷。温州一带的古窑址因分布在瓯江流域，故被称为瓯窑。东汉晚期的瓯窑规模不大，产品以青瓷为主，兼有少量黑瓷。青瓷的釉色多为青绿、青黄，胎质白中泛灰，比较坚硬。金华地区的产

上虞大圆坪窑址

品胎质粗涩，呈深灰或深紫色，施釉不匀，釉色以青灰色为主，这时的瓷器虽量少质劣，却成为婺州窑的先声。湖南也有东汉窑址被发现，把岳州窑的历史提前了半个多世纪。这些窑址的烧造时间较长，上限可以早到东汉初年，但瓷器的生产则是东汉晚期才开始的，并与越窑瓷器有不少相似之处。产品以青瓷为主，胎质灰白，釉面光润。1992年下半年，人们对江西丰城的洪州窑遗址进行发掘，结果表明，洪州窑的历史始于东汉晚期，产品多为青瓷，但质量欠佳。江苏的宜兴窑早期烧制的青瓷与越窑相仿，但质量远逊于越窑。

　　同属越窑的其他窑场，产品质量也比上虞东汉窑址的要差。由傅建祥、颜越虎主编，周燕儿、沈周霖、周乃复等撰写的《绍兴越窑》第三章第一节"秦汉时期的陶瓷产品"中写道："绍兴出土的瓷片烧成温度也都较低，一般在1000~1180℃波动。在唐以前，少数瓷片烧成温度略低。与上林湖越窑相比，烧成温度相差不大，但较上虞越窑则要低。"在该书同节介绍宁波市郭塘岙东汉窑址中则写道："除生产一部分青瓷和黑瓷外，还发现相当数量的原始青瓷。说明它正处于由原始青瓷进入瓷器生产交替阶段。"上虞不但东汉窑址数量众多，而且烧制质量普遍较好，在上虞15处古窑址类文保单位中，有3处是东汉窑址，即小仙坛瓷窑遗址、刀砖岗窑址和大乌贼山窑址。帐子山窑址则涵盖了东汉至北宋整个越窑烧造历史。小仙坛瓷窑遗址是上虞唯一一处国家级重点文物保护单位，由小仙坛、大园坪、小陆岙3处东汉窑址组成。

　　上虞其他的东汉窑址产品质量也普遍较好。上浦镇石浦村的龙池庙后山窑址、凌湖村的畚箕窝窑址和汤浦镇白鹤村的馒头山窑址生产的产品釉色莹润，光泽感强，胎釉结合牢固，胎质坚硬，纹饰精美，其烧造质量绝不在小仙坛窑址之下。小仙坛窑址仅仅是上虞众多烧造质量较好的窑址之一。当年中国科学院上海硅酸盐研究所对上虞东汉窑址的标本进行测试，选择了小仙坛窑址，这有一定的偶然性。

越窑以唐代为界，分早、晚二期。早期越窑即从东汉成熟瓷器的产生至南朝，也是考古界所常说的汉六朝时期。隋朝立国短暂，具有鲜明隋朝特征的窑址在上虞尚未发现。晚期越窑烧造的时间为唐

湾头青瓷窑址

到北宋晚期。

　　各地东汉越窑窑址除了上虞，数量都极少。绍兴地区仅在诸暨湄池镇渔村的凤山坞、绍兴县夏履镇新民村的车水岭发现了东汉窑址。宁波地区在宁波市江北区的鸡步山、郭塘岙、季岙、八字桥，慈溪上林湖的黄安山、横塘山、吴石岭、大庙岭、周家岙、桃园山，鄞州的谷童岙、老鼠山、玉缸山，余姚的柏家岭发现了东汉窑址，各地数量仅为十余处。而上虞东汉窑址数量是各地总数的3倍多。宁波地区的林士民先生在其《青瓷与越窑》第五章"浙东青瓷的产地"中写道："浙东地区是早期青瓷（早期越窑）的产区，主要是绍兴地区的上虞曹娥江中游两岸与绍兴县的丘陵地段……在这一段历史时期内，古墓葬中出土的浙东青瓷，烧于上虞县的较为丰富，尤其是大量纪年器的出土，从一个侧面反映了上虞窑场烧制青瓷的面貌。"《绍兴越窑》第四章第二节"窑场的分布"中写道："东吴的窑场，主要在上虞市曹娥江中游两岸的丘陵地带……西晋时期……制瓷窑场……主要仍在上虞、绍兴一带，仅上虞市境内就有窑址六七十处。东晋南朝时期，越窑窑址分散于绍兴、上虞、诸暨、萧山、余姚、慈溪、鄞县、临海等地。其时厚葬风消退，窑场生产规模缩小，制瓷业陷入了低谷。"

　　据现有调查资料来看，绍兴县汉六朝窑址仅十余处。1982年至1984年上虞的文物普查资料表明，上虞东汉至三国窑址有82处，三国至晋窑址有130处，三国至南朝有9处，早期窑址合计221处。按照《上虞越窑窑址调查》一文中一处地点为一处窑址的统计法，上虞有东汉窑址54处，三国西晋窑址53处，东晋南朝窑址12处，早期窑址合计为119处。

（三）慈溪越窑青瓷的分布情况

慈溪古窑主要由上林湖、白洋湖、里杜湖、古银锭湖四个窑区组成，共发现171处窑址。下面对代表性的窑址作简单介绍：

张家地窑址：1983年发现，位于匡堰游源张家地山东面，面积2500平方米，堆积层约2米。东南与福昌寺后窑址相连，西面是开刀山窑址。因开发建房有破坏。器物有碗、盏、盘、罐、灯、炉、花瓶、玉壶春瓶，部分产品与汝窑产品接近。釉色青黄、青灰、月白。分薄釉和厚釉，厚釉呈乳浊色，半透明，玉质感强。有刻划花，如莲花、牡丹、荷花、兰花。

寺龙口窑址：1984年发现，位于钓竿山。该窑址烧制年代从晚唐到南宋。青瓷碎片到处都是，堆积如山，不能种庄稼，所以保存完好。产品有碗、盏、盘、盒、灯、罐、壶、钵、瓶、炉、花瓶等。釉色有青色、青黄、青灰、月白、天青等。表面有刻划花，图案有缠枝、牡丹、荷花、兰花、龙纹、双蝶纹、鹦鹉纹等。由于采用明火叠烧，精品不多。

上林湖古窑木勺湾窑址：1985年发现，属于隋唐早期窑址。胎质灰白，表面较粗糙，釉色青黄或淡黄，容易脱落。制作工艺大多沿袭南朝的。多数器物为明火叠烧，小部分出现对口合烧，也有小件放在大件里套烧。主要产品为壶、钵，有少量碗、盘、盏。

低岭头窑址：1986年发现，位于慈溪市匡堰镇低岭头，是北宋著名上林湖系列窑址。这一时期的产品以盘、盏、灯盏、壶韩瓶为主，产品种类单一，釉色灰暗，精品不多。产品不用匣钵装烧，而是直接放坯子于窑中裸烧，装饰也简单、粗糙。但这一时期的产品结构复杂，执壶是代表性产品，被古人称为执壶窑厂。

杜湖栗子山窑址：1987年发现，始建于中唐，是慈溪青瓷超越上虞龙浦青瓷的象征。当时上虞的青瓷以碗为主，工艺陈旧，而栗子山窑址除了烧制传统器物以外，还生产了很多适应社会生活多种需求的新器物，如葵口碗和盘子。碗口腹向外，壁形底制作工整，成为一种新型的餐饮用具。鸡壶、瓯等产品的出现，为酒文化、茶文化增添了丰富的内涵。窑址有4000平方米。1998—1999年，浙大、北大考古所进行二次发掘，出土瓷片五万多件，还有南宋时的窑炉遗迹。

另外，杭州的萧山区窑址主要分布在较偏远的进化、戴村等镇，共有古窑址10多处。如茅湾里窑址、新江岭窑址、上董青瓷越窑址、邵家塔村前山窑址、傅家村石浦湖窑址等，其中上董青瓷窑是东晋南朝时期我省著名的越窑之一。

[叁]沉寂后的复兴

越窑青瓷从萌芽、成熟到发展、高潮，直至最后衰落，前后经历了两千多年。在北宋之后就逐渐式微，只有民间作坊维系着青瓷的烧造，规模与繁盛时期不可同日而语。在当代民间作坊以生产仿制越窑古董为主，烧造技艺日渐衰落。在沉寂了近千年后，于20世纪80年代，在越窑故地上虞、慈溪及杭州等地相关艺人开始进行科研攻关并重新恢复了越窑青瓷的生产。

（一）越窑青瓷获得新生

早在东汉时期，位于上虞的四峰山小仙坛瓷窑已生产出成熟的青瓷制品。此后，越窑青瓷经三国、两晋、南朝，在唐、五代时期达到巅峰。"茶圣"陆羽在《茶经》中更是将越窑列为唐代诸名窑之首。然而，在宋代之后有着"千峰翠色"、"类玉似冰"、"秘色瓷"美誉的越窑青瓷陷入低谷。

1980年，上虞陶瓷厂的科技人员在上海博物馆、浙江省轻工业厅、省考古所等单位的协助下，选定蛙形水盂、鸡首壶、羊形烛台、狮形烛台、香熏等器物，经过几十次胎釉配方试验，把古老的传统工艺与现代技术结合起来，终于成功烧制出仿古的越窑青瓷器。产品曾获省科技成果奖、省轻工业厅优秀"四新"产品奖，还赴美国参加"路易斯安娜世界博览会"、日本"筑波世界博览会"、北京"亚洲及太平洋地区国际博览会"。

焚烧的窑炉

　　近年来，在地方政府的支持下，越窑青瓷的复兴与传承得以实现。在青瓷的发源地上虞，涌现出一批青瓷工艺的传承者，其中包括董晖和俞辉。董晖的东山越窑青瓷坊和俞辉所负责的上虞越瓷陶业有限公司以各自的方式，致力于越窑青瓷工艺的传承，通过不断探索与创新，解决了诸多越窑青瓷烧制的技术难题，设计出一批既保留传统青瓷的古朴大气，又兼顾现代审美气息的新产品。他们在省博物馆和浙江大学硅酸盐研究所科研指导下，为仿制代表越窑青瓷最高水平的唐、五代秘色瓷做出了努力。

21世纪初，上虞市越瓷陶业有限公司、上虞市三雄陶瓷有限公司等企业继承原上虞陶瓷厂的工艺技术，不断创新，不断发展，为政府、企事业单位生产各种越窑青瓷的仿古产品，也创烧出了一大批造型别致、工艺独特的新产品。

2007年6月，越窑青瓷烧制技艺被列入浙江省第二批非物质文化遗产名录。2009年9月，上虞运发实业有限公司俞支援、上虞三雄陶瓷有限公司陈鹏飞入选第三批浙江省非物质文化遗产项目代表性传承人。2011年，越窑青瓷烧制技艺入选第三批国家级非物质文化遗产名录。2010年5月，上浦镇中学被命名为省级"非遗"传承教

制作中的陶工

学基地。2011年1月,三雄陶瓷有限公司被命名为省级"非遗"生产性保护基地。2014年,上虞区委区政府召开"人文上虞"建设专题会议,会上提出大力发展青瓷文化的倡议,成立了青瓷发展研究中心,完成《上虞越窑青瓷遗址保护总体规划纲要》、《上虞区越窑遗址五年调查考古规划》、《鼓励青瓷文化产业发展专项资金使用管理办法》,完成上虞青瓷文化产业培育政策调研报告,并完成"上虞青"商标注册。上浦镇中、上虞文澜小学也在校内开辟越窑青瓷制作和展览室,努力做好越窑青瓷的传承工作。2015年1月,东山青瓷坊的董文海被评为省级工艺美术大师。千年的古瓷绽放出了艳丽的新葩。

(二)越窑青瓷的复兴

清末,上林湖边的孙氏,烧造越窑青瓷的仿古器皿,到民国因战乱一度停烧。现在慈溪上林湖周边孙氏后人孙迈华、孙威重新开始制作越窑青瓷,以造型、釉色装饰工艺为主。杭州的两位中国工艺美术大师嵇锡贵、郭琳山夫妇,沿袭了越窑工艺的装饰技法,以刻花、划花、捏塑、褐彩、彩绘为特色,创作了不少越窑青瓷作品。

2001年,在慈溪市委、市政府和有关部门的支持下,孙迈华在上林湖畔创立了慈溪市越窑青瓷有限公司、慈溪市越窑青瓷研究所,续写千年前的越窑青瓷文化。慈溪市越窑青瓷有限公司继承了造型装饰工艺,在传承的基础上不断发展,使越窑青瓷造型装饰工艺得以完整保存。

2005年5月，慈溪市越窑青瓷有限公司被浙江省政府列入浙江省第一批非物质文化遗产代表作名录保护单位。2008年1月，孙迈华成为第一批浙江省非物质文化遗产越窑青瓷烧制技艺传承人。2011年5月，慈溪市越窑青瓷有限公司被列为第三批国家级非物质文化遗产名录保护单位。2012年4月，浙江省文化厅命名慈溪市越窑青瓷有限公司为"浙江省非物质文化遗产宣传展示基地"。2013年11月，中国轻工业联合会、中国陶瓷工业协会授予孙迈华 "中国历史名窑恢复与发展贡献奖"。

自从1987年西安法门寺出土13件越窑秘色瓷以后，孙迈华开始致力于秘色瓷的开发和创新。秘色即碧色，秘色瓷曾是皇家独享的青瓷。要实现秘色瓷的开发，要从原料的选择、加工方式、釉料的配制、瓷坯的成型、施釉、装窑和烧成几方面去努力。慈溪市越窑青瓷有限公司经过数百次试烧失败，与整理、挖掘出的历史资料进行对比，克服原料来源不稳定、烧窑条件变化等不利因素，终于掌握了传统青瓷工艺的制作要领，成功烧制出越窑青瓷，重现"千峰翠色"。慈溪市委、市政府为此举行盛大的越窑青瓷恢复生产仪式，向世界宣布沉睡了千百年的越窑青瓷自此苏醒。

此后，该公司主攻越窑青瓷釉的问题。经过专家的指导和传承人的反复试验，终于找到了问题的源头：适度的窑炉空间、窑室温度

工作中的孙迈华

和量具的准确性，是解决越窑青瓷釉色的关键。另外，匣钵烧制方法的采用，刻花工艺采用精雕方式，使恢复后的越窑青瓷产品在立体感等方面产生了强大的视觉冲击。该公司先后恢复了瓶、罐、钵、碗、粉盒、洗、罂、挂盘、茶具、酒具等产品的制作，从而使越窑青瓷重放光彩。

（三）越窑青瓷的科研恢复

新中国成立后，五大名窑的陆续恢复，带动了浙江越窑青瓷的整理与抢救工作。当时，浙江美术学院承担了越窑青瓷的恢复研究任务，其中邓白教授做了大量的整理研究工作。由于越窑青瓷断烧年

"非遗"陈列馆与"文博"教育基地

代较早，当时没有一个系统的研究与生产的规划，因此杭州西湖区越窑青瓷的国家级代表性传承人嵇锡贵承担起了刻花技艺的科研工作，以恢复越窑青瓷的装饰艺术。越窑青瓷因釉色清透，适合刻花、划花等装饰，这也是越窑青瓷的重要工艺之一，因此对于图案的设计和刻花技法要求很高。嵇锡贵与丈夫郭琳山一起，先后到上虞、慈溪、萧山等地考察越窑青瓷古窑址，走访古代越窑青瓷的收藏者，采集瓷片、瓷土、窑具等资料，进行研究、梳理。经过大量的科研和烧制实践后，越窑青瓷技艺的恢复在科研上取得了重大进展。

　　2000年，嵇锡贵、郭琳山夫妇在西湖区创立了"贵山窑陶瓷艺术研究室"，工作室的主要内容是发挥浙江地域特色材质的优势进行陶瓷创作，研究制作越窑青瓷，创作出一批具有浙江地域特色的越窑青瓷作品。2003年，慈溪市越窑青瓷有限公司聘请嵇锡贵、郭琳山、高峰等为技术顾问。从此，恢复后的越窑青瓷烧制技艺又推广到了慈溪上林湖。

　　在继承传统的基础上，杭州市西湖区在传承人的潜心努力下，越窑青瓷烧制技艺得到了一些改进，比如制作工具的改良，工艺手法的创新，以及装饰形式的发展。在挖掘整理越窑青瓷装饰纹样、造型形式、表现手法方面，进行恢复性的继承。杭州市西湖区以贵山窑陶瓷艺术研究室为主体，不仅研究恢复越窑青瓷技艺，而且注重技艺的传承，着重越窑青瓷原料的烧制研究，发掘并传承传统技艺。他们收集越窑青瓷实物与瓷片，进行系统地研究整理、科学归类，建立越窑青瓷造型、装饰研究资料数据库，深入地研究传统越窑青瓷，勘察制瓷原料，继承越窑青瓷艺术风格和表现手法。在原料配方、工艺制作等方面进行瓷器的烧制实践，不断地在恢复和保留越窑的制作工艺方面进行探索。2012年，在西湖区西溪湿地景区河渚街设立了"杭州西溪贵山窑陶瓷艺术馆"、"传习所"和"杭州贵埴文化艺术有限公司"。2013 年，传习所向全国招徒，有五名学生入驻杭州西溪湿地河渚街，使越窑青瓷制作后继有人。另外，西湖区

嵇锡贵（左）与丈夫郭琳山在研究陶艺

还举办越窑青瓷研究成果展示及学术研讨会，定期编辑发布越窑青瓷造型、装饰保护研究信息，出版越窑青瓷造型、装饰研究创作集萃等，在继承越窑青瓷传统工艺的基础上，结合现代审美需求，改良越窑青瓷的设计，保证活态传承。

[肆]经典器物

（一）越窑青瓷的品种

越窑青瓷的品种繁杂，各生产区域烧制的产品品种十分丰富，也不尽相同，具有一定的区域特色。今择典型、常见的器物，对其名称、功用、烧制时代、产品特征作介绍。

碗：是窑址、墓葬中最为常见的器物。上虞境内各个越窑窑场都有烧制，且数量巨大，在墓葬中出土数量也很多，是上虞博物馆馆藏越窑青瓷中数

董文海的仿青瓷作品"碗"

量最多的一种产品。碗是一种餐具，用途十分广泛，既可盛贮饭菜，也可喝茶、饮酒，有时还用作器盖。东汉时期的碗，或为直口，或口沿微敛，弧腹平底，内底微向内凹。在大园坪东汉窑址中，曾出土两件内底印有"谢胜私印"铭文的碗。在上虞的三国窑址中，常常见到一种尺寸很小的碗，直口，至肩腹部向内弧收，平底微内凹，在形制上与初唐的折腹碗较为相似，只不过初唐时的折腹碗尺寸更大，还往往只施半釉。汉六朝时的碗式样大同小异，只是到东晋晚期南朝时，除了器腹加深，还出现了圆饼形的假圈足。碗的形制到唐代有较大的变化，碗的式样也大大增加了。除了初唐时常见的折腹碗，到中唐，还出现了玉璧底碗（即瓯），在上浦镇夏家埠村帐子山贞元十七年墓中曾有出土。到唐晚期，出现了各种花口碗，有呈荷叶形、海棠形、葵瓣形。唐代中期开始使用匣钵，碗的胎体做得细薄，晚唐时，碗的圈足开始外撇。五代至北宋，在碗的内壁盛行刻划花装饰。

东关街道出土的一件北宋碗，胎壁细薄，腹部斜坦，内底刻牡丹纹，颇为美观精致。在窑寺前窑址中，还曾出土过一种供碗，也称孔明碗或暖碗，由两只碗黏合而成，上面一只半球形，下面一只无底，用来祭祀先人，以前有人认为这样做是起保温作用的，其实并非如此。

罐：在越窑青瓷器中，罐是仅次于碗的常见器物，在上虞各越窑窑址与墓葬中都有大量出土，是一种盛贮器。1973年，在百官下市头曾出土一件东汉的四系罐，该罐为直口、斜肩、鼓腹、平底微内凹，肩置对称四条形耳，肩部划饰弦纹、水波纹，这件器物造型规整，烧结度好，釉色青莹，被认为是东汉成熟瓷器的代表作。在大园坪东汉窑址中，还曾出土过双唇罐，这种罐又名泡菜坛，其造型为双口、束颈、弧腹、平底，双唇间灌满水，上面再覆以盖，罐内外空气隔绝，贮存在罐内的食物就不易变质。除了双唇罐，汉六朝的罐主要有三种式样。一种为镂空罐，器壁镂有一个个圆孔，过去有人称之为香熏，认为器壁圆孔是出香气所用。有的镂空罐器底也镂有圆孔，如用作

禁山窑的青瓷罐

香熏，香灰就容易从器底撒落。所以有学者认为这是洗涤用器，可称之为筌。另一种为直筒形罐，直口、折肩、斜直腹、平底或微内凹。再一种就是最为常见的弧腹罐。东晋南朝时的罐，形体高大，器腹加深。唐代的罐式样与汉六朝有些类似，口沿多作翻口或侈口，器耳为环形耳，有的器耳下部形似柿蒂纹。北宋罐的形状有较大变化，所见以盖罐为多，形体较为矮小，多为敛口，圆鼓腹，圈足，上面多配以盖，器身多刻划各种花卉纹。

盘：是一种盛放食物的用具，汉六朝时盘还常常被用作器盖。东汉时有一种大盘，斜直口，平底，盘中心镂有一圆孔，内底常饰有弦纹、水波纹，在墓内常与耳杯伴出，这种盘应是承托耳杯所用的托盘。三国西晋时有一种耳杯与托盘粘连在一起的明器，托盘尺寸变小，上面一般托一只或两只耳杯，有的还有勺。西晋时的盘，为敞口、斜直腹、大平底，有的内底中心向内凹。东晋时的盘式样与西晋时相似，上虞曾出土过一件东晋褐彩"自"字盘，盘口沿饰8处褐彩，内底中心用褐彩书"自"字。在道墟镇凤凰墩曾出土过一件南朝时的盘，敛口、圆唇、腹壁斜坦，内底中心有一圈下凹，用圆管戳成莲子，外圈刻成双线莲瓣纹。陕西扶风法门寺地宫曾出土一件唐代越窑青瓷盘，盘为敞口、圆唇、腹壁斜直、平底、五瓣形花口，腹壁饰五条凹直线，器身较汉六朝时的盘要深。五代时的盘造型更为丰富，有花口弧腹圈足盘、侈口弧腹圈足盘、花口弧腹平底盘、敞口宽沿弧腹高圈足盘。五代时还有一种委角方盘，盘为方形，四角弧形，造型独特美观。北宋时的盘主要有撇足与卧足两种，普遍采用刻划花装饰。

钵：是一种常见的盛放食物的用具。在东汉至北宋的越窑烧造史上都有烧制。汉六朝时的钵形状

禁山窑址挖掘出来的青瓷钵

与大碗相似，只是腹较碗深，底比碗宽。唐宋时的钵造型有较大变化，常见的形状一般为敛口，上腹鼓，下腹弧收，平底，口大底小。

五联罐：也称五管瓶，有褐釉、青釉两种。是东汉时期的典型器物，三国西晋时的堆塑罐即由五管瓶演变而来。全器呈葫芦形，最上面是五个罂形管，中管略粗而高，在束腰处常堆塑熊、猴、爬虫等动物，弧腹、平底。东汉墓葬中常有出土。

罂：俗称盘口壶，因其口沿似盘而得名。有的器物上铭有"罂"字，现在多称其为罂。这是一种盛水或贮酒的器物，王充在《论衡》中有"酿酒于罂"的记述，可知这种器物也用于酿酒。东汉时的罂多为盘口，宽唇，鼓腹，平底。三国时的罂盘口和底都较小，上腹特

大，重心在上部。东晋以后盘口加大，颈增高，腹部修长。隋朝罂的形状如橄榄，唐代的罂则显得矮胖，器耳多作环形，稍后则演变成粮罂瓶，盛贮粮食用。

鸡首壶：出现于三国末年西晋早期。早期的鸡首壶器形较小，在肩部一面贴鸡头，另一面贴鸡尾，鸡头短，口与器腹不通。东晋时，器身变高变大，鸡颈变长，在鸡头

隋·越窑青瓷罂

五代·越窑青瓷鸳鸯砚滴

另一侧，盘口与肩部之间安一圆条形把，鸡首大多与器腹通，是一种盛酒器具。到了南朝，器身更加修长，有的在把与盘口交接处饰龙头，俗称龙柄鸡首壶。1978年，在上虞汤浦下齐村曾出土一把隋代的鸡首壶，深盘口向外撇，肩部安对称的两个实心鸡头，弧腹，饼形底，施青黄釉。唐代早期各地尚有越窑青瓷的鸡首壶出土，之后，注子出现，取代了鸡首壶。

水丞：也称水盂、砚滴，属文房用具，是研墨时添水所用，有做成兔形的，有做成蛙形的，有做成鸟形的，也有少量做成下部是蛙形、上部是飞鸟形的。兔形、蛙形水丞以三国西晋时最为优美，头部较大，造型逼真，至东晋、南朝，头部变小，造型呆板。还有一种水丞，上面没有动物装饰，敛口，扁圆腹，三国西晋时为平底内凹，东晋南朝时则为饼形足。隋唐以后水丞大多没有动物装饰，唐朝的水丞多为矮直口、圆唇，腹部饰凹直线，平底，也有的腹壁饰凸棱，至器底收折成足。

砚：属文房用具。汉代《释名》一书中有"砚，研也，研墨使和濡也"。许慎《说文解字》中说："砚，石滑也。"早期的砚，多用石料制作，汉代出现陶砚，三国以后，江南一带盛行瓷砚。砚面圆形，外面围以矮子口，砚面无釉，便于研墨，下安足，多为马蹄形，也有做成熊形的，少量的还带器盖。据《玉笥堂藏越窑青瓷》一书记载，有一件西晋蟾滴纽带盖砚，砚盖中心是小型蟾形水丞，用作纽，便于拿取，盖面上饰三组纹饰，每组为一圈联珠纹，二道弦纹，甚为精美。砚多为三足、四足，后期的砚也有多足的。绍兴市文物局收藏的一件隋朝砚，有十多足，密密麻麻成一圈。唐李肇《国史补》中说："内丘白瓷瓯，端溪紫石砚，天下无贵贱通用之。"唐代，随着端砚的普遍使用，瓷砚越来越少见了。在窑寺前窑址，曾采集到一件北宋绍圣五年（1098年）瓷砚，长方形，略呈抄手状，砚面无釉，制作较为粗糙。

熏炉：又称香熏、香炉，古文献中有时也写作薰炉。始见于东周，早先多为青铜所制。汉代至北宋越窑存在期间，皆有烧造。湖南长沙西汉张端君墓曾出土一件铜熏炉，上有"张端君熏炉一"铭文。唐杜佑《通典》中曾引用贺循晋代随葬器物的描述："神位既定，乃下器圹中"，"其明器：……瓦香炉一、釜二、枕一、瓦烛盘一……"汉晋时的越窑青瓷熏炉大多造型简

董文海的仿青瓷作品熏炉

单，通常由刻有若干个出烟孔的圆形炉身和承柱、承盘组成。有一种仿铜器的博山炉，上部制作成山的形状，烟从山中缭绕而出，颇具仙意。在出土的熏炉中，数临安晚唐水邱氏墓出土的最为精致，不但形体高大，还加饰褐彩，制作精细美观。上虞丰惠镇东光村出土的一件五代青瓷熏炉，高仅6.9厘米，舒展开的叶子承托着小巧的炉身，炉身上镂有一个个细细的柳叶状小孔，煞是可爱。

尊：山西右玉县曾出土一件西汉河平三年（公元前26年）的铜器，上面铭有"铜酒尊"。这种器物在越窑青瓷中以三国西晋时最为多见，在上虞上浦大善村的尼姑婆山窑址中曾有大量出土。形状与洗十分相似，只是在洗的下腹再安三兽足，用兽足承重。尊一般尺寸较大，下安兽足，使器身更高，美观而协调。尊常与勺配套使用，用勺从尊中舀酒至耳杯或碗中。

槅：俗称格盘，也称果盒，流行于三国至南朝，隋唐后几乎绝迹。槅既可用于日常生活，又可作祭器，也可作随葬的明器。在江西南昌晋墓中曾出土一件长方形的漆槅，底书"吴氏槅"，形状与三国西晋时的长方形槅相似，所以现在多以槅相称。晋左思《娇女诗》中也有"并心注肴馔，端坐理盘槅"的诗句，可知槅也用以盛放小食品。三国西晋时的槅多为长方形、子口、直壁，盘内分上、下两排方格，足壁下部切割成莲花座。这一时期也有少量圆形槅。嵊州浦口镇大塘岭三国永安元年（258年）墓、绍兴漓渚镇小步村瓦窑山都出土过圆榻。东晋以后圆榻大量使用,代替长方形榻。圆榻盘面分内、外两区,外区隔成3~9个不等的扇形小格,内区有隔成三格的,也有不分隔的。曾见外底用褐彩书"千秋万岁"铭文的圆榻。

魁: 也称瓢、勺、枓,仿青铜勺的形状,是一种盛羹的餐饮用器,隋唐以后少见。器形似碗,碗沿上安一形似蛇头的把。

烛台: 常制成狮形或羊形,盛行于三国西晋,南朝时还有一种下部是莲花座,上部置五管的烛台。狮(羊)形烛台,过去有人认为是水盂,也有人不言其功用,笼统地称其为狮(羊)形器。南京江宁上湖村出土的狮形烛台,上面还留存着蜡烛,故可确认其功用是烛台。《楚辞》中有"室中之观多珍怪,兰膏明烛华容备"的诗句,可知烛

东晋·越窑青瓷羊形器

的历史十分悠久。狮形烛台又有人称辟邪烛台，有的狮身上还坐一人。《说文》云："羊，祥也。"羊是六畜之一，天性温顺，又寓吉祥之意。羊形烛台中的羊常呈蹲伏状，狮形烛台中的狮常呈站立状，一柔顺，一凶猛，狮或羊身有时还刻划羽翼纹。从出土情况看，狮形烛台的数量远远多于羊形烛台。

堆塑罐：由五联罐演变而来，流行于三国西晋时期，早年也称谷仓、魂瓶，日本称这种器物为神亭壶。三国时的堆<u>塑</u>罐，下部为罐身，有的在罐身上压印网格纹，有的印贴各式人物俑、铺首、佛像、螃蟹、龟等，上部中管比五管瓶的中管明显扩大，另四管逐渐低矮，堆贴门楼、门阙、飞鸟、胡俑、狮子、龙等。西晋时的堆塑罐，五管大多已被亭阁所代替，堆塑更加繁复，至西晋中晚期，五管彻底消失。有的堆塑罐上还有碑，上面多铭有"会稽"、"会稽上虞"、"会稽出始宁"等文字，如绍兴南池乡官山畚村横棚岭西晋墓中出土的堆塑罐，碑额阴刻"会稽"，其下分三行竖刻"出始宁，用此丧葬，宜子孙，作吏高迁，众无极"。绍兴南池乡施家桥村出土的一件堆塑罐，碑上则用隶书刻有"会稽出始宁，用此灵，宜子孙，作吏高迁，乐无极"。嵊州石璜镇苔苔山西晋太康九年墓出土的一件堆塑罐上也铭有"出始宁，用此口（系看不清的字，以下同）女口，宜子孙，作吏高迁，乐无极"。始宁即今上虞上浦、章镇一带，县治在嵊州三界，三界一带无越窑窑址。从窑址调查情况看，上浦镇大善村的凤凰山窑址、梁湖镇华光村的晾网山窑址都曾发现堆塑罐的残件。凤凰山窑址在三国西晋时属始宁县,晾网山窑址则属上虞县。

扁壶: 也称扁形方壶,在当时这种器物称坤。《宣和博古图》中解释,这种器物因腹部扁圆,而得名扁壶。陶质扁壶早在新石器时代晚期就已出现。商周时期盛行青铜扁壶,湖北江陵凤凰山167号汉墓中曾出土漆扁壶。越窑青瓷扁壶主要见于三国西晋时期。扁壶有两种基本样式,一种器作管状直口,斜平肩,腹部扁圆,肩两侧置对称条形耳,腹部扁圆,底部置两只宽扁形方足;另一种为管状直口、弧肩,腹部扁圆,底为喇叭状圈足,肩部设对称两耳,耳做条形

禁山窑址挖掘出的青瓷扁壶

或鼠状，有的在腹下也设对称两耳。在出土的实物中以第二种造型为多见。1970年，江苏金坛出土一件上虞生产的越窑青瓷扁壶，高23.2厘米，口径6.3厘米，腹部一面刻"紫是鱼浦土也"，另一面分二行刻"紫是会稽上虞范休可作坤者也"。鱼浦即渔浦，郦道元的《水经注》中载："江水东经上虞县南……亦谓是水为上虞江。县之东郭外有渔浦……白马潭，潭之深无底。传云创湖之始，边塘屡崩，百姓以白马祭之，因以名水。"白马湖以东的横塘、白马湖以南的皂里湖一带，是汉六朝窑址分布密集区。上虞也曾出土过一件扁壶，高12.7厘米，口径3.8厘米，外底刻有"先姑坤一枚"，现藏浙江省博物馆。这两件器物都自铭"坤"，由此可知，当时这类器物的名称为"坤"。

神兽尊：也称猛兽尊，是一种盛酒器具，也有人认为是祭祀用器，所见多为西晋墓出土。造型一般为盘口、束颈、弧腹、平底，有的腹部作束腰葫芦形，肩腹部堆塑一只神兽，双目圆睁外鼓，张口露齿，嘴含宝珠，颏下有长须，前肢上举，后肢伏地呈蹲坐状，器身有四或六耳。有的尊肩腹部堆塑的是熊，称熊尊，也见有堆塑狮形的，造型和用途与神兽尊基本相同。

蟾形尊：也有人称蟾形盂，用于盛食物残渣，故也称渣斗。造型为广口、长颈、丰肩、弧腹、平底微内凹或假圈足。颈间设两只竖向条形耳，肩部前贴蟾蜍头，肩腹部其余部位对称堆贴四肢。还有一种尊，肩腹部没有蟾蜍的堆塑，其他的则与蟾形尊形状完全一样。

这两种类型的尊多出土于东晋墓，其他时代较为少见。

人物俑：俑起源于商周，是人殉制度演变的产物。春秋战国时，用俑殉葬的习俗开始流行，秦朝这一习俗得到空前发展，汉代用俑陪葬的风气更趋普遍，六朝时，南方地区流行以瓷俑陪葬。上虞出土的俑主要是汉与三国西晋时期的。这里所说的人物俑是指单独成型的瓷塑人物像，并不包括堆塑罐等器物上作为局部装饰的各种人物俑。在上虞百官岭光曾出土过一件东汉时的黑釉俑头，为典型胡人形象，俑头下有一圆管，似可插在其他物件上。在上浦闸曾出土过一件西晋力士俑，人物呈跪姿，形似力士。在百官原县政府宿舍工地上还出土过一件西晋抱婴俑，该器物下部已残，婴儿仅存一手，摸着男俑的下巴，男俑面相慈祥。在萧山一座西晋墓中，曾出土一对越窑青瓷胡俑，男的手持刀和盾，女的怀抱婴儿，这两件俑较为高大，男俑高28.5厘米，女俑高26.3厘米，面部、服饰等也捏塑得逼真

人物俑头像

清晰，是越窑青瓷人物俑中的代表作。

执壶：执壶是由鸡首壶演变而来的，是一种盛酒器具，出现于唐代中期，也称注

五代·越窑青瓷双虎枕

子。1936年，在绍兴唐元和五年（810年）户部侍郎北海王府君夫人墓中曾出土过两件执壶，喇叭口、短嘴，嘴外壁削成六角形，腹部硕大，把手宽扁。后期的执壶嘴长而弯曲，器身或饰凹线纹，或做凸棱纹。上虞下管镇王村面前山曾出土一件北宋执壶，高23.3厘米，喇叭口、长颈、弧肩、圆形腹、高圈足、嘴曲而长，两股泥条捏成弯曲状作把，腹部饰凸棱，器身显得修长优美，取放、注酒都十分方便。

杯：饮酒器具。苏轼在《前赤壁赋》中有"客喜而笑，洗盏更酌。肴核既尽，杯盘狼藉"。盏与杯都是唐宋时的饮酒器具。在窑寺前窑址曾出土过五代时的杯，斜直口、深腹、高圈足向外撇、青黄釉、外壁刻莲瓣纹。在上虞上浦镇凌湖村曾出土过北宋时的杯，五瓣花口，腹壁向内弧收，外壁饰五条凹直线，小圈足高而外撇。

盏托：也称托盏、茶托，是为防烫而承托盏、碗的器具。始烧于

南朝,终于北宋。出土器物多见于唐、五代,托多呈荷叶形,托沿作六瓣荷叶形,托座高而凸起,有一圈高起的口沿,高圈足外撇,制作十分精美。

五代·越窑青瓷盏托

　　三国西晋时,各地窑场除继续烧制碗、罐、盘、碟、洗、罂、虎子、簋、壶、耳杯、勺、水盂、唾壶等日用器具外,还新出现了鸡首壶、狮形烛台、羊形烛台、槅、坪等品种,东汉时常见的锺、瓿、罍等产品在这时几乎绝迹了。东汉时仅烧制灶、水井、镬斗、窣堵波、塔式罐等种类有限的明器,进入三国西晋,明器种类大大增加,大量烧制明器是三国西晋时上虞越窑的一大特色。猪圈、狗圈、羊圈、鸡舍、米筛、畚箕、耸等反映现实生产、生活的明器大量烧制。塔式罐的罐身堆塑渐趋繁复,中罐不断加大,周围的四罐逐渐缩小并被楼台、亭阁、飞鸟所掩蔽。大量动物造型的出现是三国西晋时期上虞越窑的另一大特色。除了狮形烛台、羊形烛台、神兽尊等把动物造型做成整器外,不少动物作为局部装饰出现在器物上。如兔形水盂、鸽形魁、熊形灯盏、熊足尊、熊足砚、虎子等的局部都用动物来装饰。塔式罐、堆塑罐上的动物装饰更是丰富。猪、狗、牛、鸡等瓷塑动物也随明器葬入墓中。山西东关出土的一件兔形砚滴，整体做成一只蹲伏状的兔子，在兔的背部安管状进水口，腹部呈圆形，兔头前伸，前足捧钵做饮水姿势，后腿弯曲紧贴腹壁，造型优美别致，妙趣横生。上虞百官吴墓出土的一件鸽形魁，一端贴饰鸟头、飞翼，另一端贴饰尾部，酷似一只安然翱翔的飞鸽。装饰纹样的丰富，是这一时期上虞越窑的第三大特色。压印的网格纹、戳印的联珠纹与范印的铺首往往成组装饰在器身上，成为这一时期最常见、最富时代特征的装饰纹样。此外，龙纹、凤纹、菱形纹、四神、佛像、仙人骑兽、麒麟也是此时常见的纹饰。

（二）经典器物——秘色瓷

秘色瓷是我国唐宋时期浙江慈溪上林湖地区越窑烧制的一种青瓷，是越窑自东汉创烧以后，在长达一千余年连续不断地发展历程中达到的最高成就。因此，越窑秘色瓷不仅得到唐宋统治者的青睐，成为时尚的特供产品，也被当时的文人墨客广为传颂。

秘色瓷之所以被抬到一个神秘的地位，主要是技术上难度极高。青瓷的釉色如何，除了釉料配方，几乎全靠窑炉火候的把握。不同的火候、气氛，釉色可以相去很远。要想使釉色青翠、匀净，而且稳定地烧出同样的釉色，那种高难技术一定是秘不示人的。

根据法门寺出土的秘色瓷考证，它的烧制成功，取决于烧成后期窑炉内的还原气氛和烧成温度。只有控制好还原气氛和烧成温度，才能使胎、釉原料中的氧化铁还原为氧化亚铁，赋瓷器以青绿颜色，釉层才能滋润透明，且有玉的美感。

作为皇家的御用贡品，秘色瓷质量上乘，质地细腻，原料处理精细，多呈灰或浅灰色。胎质坚硬，胎壁较薄，表面光滑，器形规整，施釉均匀，釉色莹润，烧成温度高，叩击声音清脆。从釉色来说，五代早期仍以黄为主，滋润光泽，呈半透明状；但青绿的比重较晚唐有所增加。其后便以青绿为主，黄色则不多见。一般都不开片，不开纹片。秘色瓷工艺非常精湛，特别是装饰工艺，外面用刻工，里面用划工。在装饰纹案上，秘色瓷器内用双龙、双凤或双蝴蝶、双哨鸟组成的团花图案，头尾相对，相当精美；器外用莲瓣纹，似一朵盛开的莲花，异常秀美。

秘色瓷生产最兴盛的时代，是五代吴越王钱氏统治的时期，北宋初期延续了一段时间。吴越降宋以后，《宋史》关于越窑青瓷的记载就不用秘色瓷，而是以瓷器、越器、金知瓷器、金银陶器、金扣瓷等

秘色瓷盖碗

名字相称。

　　秘色瓷，这个直接脱胎于青瓷的特殊品种，曾经是中国陶瓷史上登峰造极的佼佼者，然而它却伴随着一个王朝的衰落而沉寂了。直到几个世纪后，传说中的秘色瓷揭开了它神秘的面纱，人们才真正了解它。然而，关于它的故事并没有结束，釉料上的秘密配方到底是怎样的？在某个鲜为人知的角落，古人会不会为后世留下些什么？这一切，仍旧等待着人们去发现。在探索真相的路上，总能拾回那些隐藏在历史深处的记忆。

（三）当代代表性作品

　　越窑青瓷的当代代表性作品主要集中在由杭州市代表性传承人、慈溪市代表性传承人、上虞市代表性传承人组成的越窑青瓷技艺制作烧制群体当中。其中嵇锡贵的主要作品有：青瓷粉彩《水仙花》、青瓷粉彩《梨花双蝶》、青瓷粉彩《缠枝牡丹》、青瓷刻花盘《绣球花》、青瓷香炉《禅意莲》、青瓷刻花盘《花开富贵》、青瓷刻花盘《莲花》、青瓷刻花瓶《天竹》、青瓷褐彩刻花罐《荷塘月色》、青瓷褐彩刻花罐《雏菊》等。

　　孙迈华和孙威的主要作品有：《秋声赋》、《涟》、《刻花纹饰灰釉粉盒》、《蝶恋花盖罐》、《痕迹·岩》、《合欢—金鱼洗》、《越瓯一组》、《堆塑罐》、《神仙宴乐堆塑罐》、《流绞泥盘一组》、《罗汉钵》。

俞支援等人的主要作品有：《高仿牡丹瓶》、《嵌银梁祝越瓷盘》等。接下来着重介绍一下代表性传承人的代表作品：

1. 嵇锡贵代表作品

越窑青瓷褐彩刻花罐《荷塘月色》。此作品结合刻、划、画等多种手法，体现越窑青瓷的质感。《荷塘月色》以器皿为荷塘空间，在荷塘之中有着盛开的荷花和繁茂的荷叶，纹饰均采用刻花的手法，突出植物的姿态与结构，从而体现夜色之中荷塘幽静、淡泊的意境。嵇锡贵为了开拓青瓷刻花的工艺手法，不仅在表现技法上加以改进，并且对工具也进行了创新。《荷塘月色》采用自制工具，其中表现荷叶的工具是用细钢条圈成半圆形，再装上手柄的刮泥刀。

该作品的荷叶没有刻出叶脉，只用刮泥刀刮出凹面，凹面与凹面之间能形成很自然的肌理纹脉。纹样细部采用尖细的工具在泥坯上划出细线条，块面与线条的组合，丰富了画面的装饰性，形成了具有设计感的肌理。在烧制的过程中，

嵇锡贵作品《荷塘月色》

由于釉色产生的流动，使画面中高低凹凸形成色彩丰富的层次。在图案之外的空间则采用褐彩，无数的褐点形成一个褐色的底子，成瓷后主题纹样突出，刻花纹样肌理自然，在褐彩点的衬托下，青釉显得更为古朴雅致，有种神秘的色彩效果。嵇锡贵凭着对越窑青瓷的了解，能够很好地把握材质的特性，更好地挖掘装饰的技法。《荷塘月色》是越窑青瓷新装饰手法，是越窑青瓷艺术上的创新，开创了越窑青瓷装饰的新时代。

越窑青瓷刻花盘《花开富贵》，是在研究传统越窑青瓷刻花的基础上进行的一种刻花装饰的创作。该作品采用传统的"半刀泥"刻法，即用平刀在泥坯上斜刻，一边刀角着力，另一边刀角稍提起，刻出具有斜面刀韵的线条，这种技法在传统越窑青瓷中运用比较多，符合越窑釉色清透的特点。作品以饱满的牡丹作为主体纹饰，刀法娴熟，线条流畅。该作品在创作时不做底稿，一气呵成，因此，整件作品

嵇锡贵作品《花开富贵》

因刀法的流动而具动感。作品釉色莹润，色泽厚重，刻花纹样与釉色之间相互融合，具有传统越窑青瓷古朴、典雅的气韵。

越窑青瓷刻花瓶《天竹》，有一种全新的视觉美感，在传统的元素中彰显着现代的气息。它继承了历史上越窑青瓷的工艺技法，把传统的装饰技艺运用在现代作品创作中。作为技艺娴熟的工艺家，嵇锡贵巧妙地把这些技法根据创作的需要，有目的地组合运用，使作品具有更强的表现力，具有装饰性的图案与古雅的釉色结合在一起，呈现出含蓄的诗意。

2.孙迈华代表作品

《越瓯》。饮茶在汉魏时就已较为普遍，到了唐宋可以说是饮茶之风盛行。中国的茶文化对整个中国乃至全世界都有很大的影响。而饮茶的必备器瓯的选择直接影响茶文化的内涵。唐代茶圣陆羽在《茶经》中明确论述："碗，越州上，鼎州次，婺州次，岳州次……"2010年5月，"第二届中国·浙江工艺美术精品博览会"上，孙迈华的作品"越瓯一组"荣获特等奖。

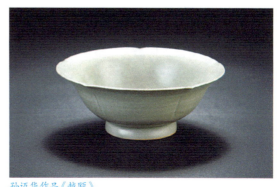

孙迈华作品《越瓯》

孙迈华作品《五月鲜花》

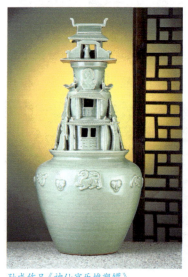

孙威作品《神仙宴乐堆塑罐》

2011年，孙迈华在慈溪创作了《五月鲜花》和《双喜临门》等越窑青瓷新作品，向建党90周年献礼。"五月的鲜花，开遍了原野，鲜花掩盖着志士的鲜血……"《五月鲜花》瓷瓶取名于《五月的鲜花》这首著名的抗战歌曲。在制作中，孙迈华将古代传统褐彩画的水墨技法运用于新的越窑工艺上，使古瓶既精致端庄，又古朴大方。

3.孙威代表作品

《神仙宴乐堆塑罐》。在研究越窑过程中，孙威接触了很多关于越窑的书籍和古代留下来的作品。从越窑青瓷的整个发展过程来看，最具有创意的时期是晋、唐时代，其造型、装饰的丰富，创意的天马行空以及其功用的分类，都是现在所无法企及的。怀

着对前人的尊敬之心，孙威试制前人所创的器物，以当下之心情怀
念前人之心境，创作了此作品，以纪念古代工匠的巧思设计和精湛
工艺。2010年12月，在"第九届全国陶瓷艺术设计创新评比"中，孙
威作品《神仙宴乐堆塑罐》荣获银奖。

4.陈鹏飞代表作品

《谷仓》。谷仓罐在两晋时期的越窑青瓷中盛行。由于其造型美
观，纹饰众多，保存和反映了当时社会多方面的风俗和信息，成为颇
具鉴赏和研究价值的重要文物。陈鹏飞的谷仓罐顶部饰楼阁飞鸟，
人物走兽。器腹则贴饰大量的动物造型和铺首、骑马纹等。2014年，
该作品在第十五届中国工艺美术大师作品暨国际艺术精品博览会

陈鹏飞作品《谷仓》　　　　　　　　陈鹏飞作品《跃马》

（东阳）上，获得"中国原创·百花杯"中国工艺艺术精品奖铜奖。

《跃马》，马形如奔跃，如飞翔。刚健的神驹，是男人一生的梦想。此作品的装饰以光素为主，刻花细致，纹色清秀，线条流畅、简洁、纤细、生动，是陈鹏飞2014年的作品。该作品获得第一届中国国际传统工艺名品一等奖。

5.俞支援代表作品

《镂空乾坤赏瓶》，是根据越窑青瓷的传统制作手法，经过72道工序、1300℃高温烧制而成，施以北宋釉色。器形是由内瓶和外瓶套接拉坯而成的。内瓶装饰刻划花纹，外瓶镂空浅浮雕，整个器形端庄持重，釉色类冰类玉。北宋玻璃釉的流动性使内外瓶的施釉非常复杂，且大面积手工镂空雕保持器形在1300℃高温下不开裂不变形，是一件不可多得的越器。该作品获得2014年中国浙江工艺美术

俞支援作品《镂空乾坤赏瓶》

俞支援作品《平脱夔口秘色瓷碗》

精品博览会金奖。

《高仿牡丹瓶》，是根据出土的北宋文物牡丹瓶的器形、大小、釉色，经过72道传统越瓷制作工艺、1300℃高温两次烧制而成的作品。该瓶器形端庄持重，釉色青莹透亮，刻划花恣意顺畅，瓶底采用官窑支钉烧法，全釉面无瑕疵。瓶颈细长，瓶口以荷叶形作盖，瓶身大肚弧形，阴刻牡丹花。整个器形装饰寓意大肚能容、富贵祥和。该作品获得2012年义乌国际博览会银奖。

《平脱夔口秘色瓷碗》，是根据陕西法门寺出土的国宝级文物髹漆平脱秘色瓷碗，结合两门失传800余年的秘色瓷和髹漆平脱制作技艺，经过72道工序设计制作而成的。秘色瓷碗器形端庄大气，釉色掠翠融青，采用越瓷釉泥、生漆、纯银三种材质制作，为越瓷开发多材质结合高端工艺品提供了新思路，制作工艺难度极大，是一件值得收藏的越瓷作品。

二、越窑青瓷烧制技艺

烧制越窑青瓷的窑炉被称为龙窑，因为这些窑炉窑身狭长，前后倾斜，头低尾高，当窑炉点燃时，犹如向下俯冲的一道火龙。窑炉是一种重要的瓷器生产工具。古代用龙窑，现代多为煤气窑。

二、越窑青瓷烧制技艺

[壹] 龙窑

烧制越窑青瓷的窑炉被称为龙窑，因为这些窑炉窑身狭长，前后倾斜，头低尾高，当窑炉点燃时，犹如向下俯冲的一道火龙。

龙窑历史悠久，早在烧制原始瓷的商周时期就已出现。根据考古资料表明，当时的龙窑窑炉位于山坡上，火焰流向为平焰，燃料用柴木，可以提供1100℃左右的窑内温度，用于烧制原始瓷。

但当时的龙窑还存在许多缺点和不足，经过多年改进，东汉时的龙窑，窑室长度增加，面积增大，窑床坡角从16度提升至28度。这些改进提升了龙窑的装载量，提高了烧窑温度，为成熟越窑青瓷的大规模生产奠定了基础。

窑炉是一种重要的瓷器生产工具。古代用龙窑，现代多为煤气窑。

（一）窑炉

在各越窑窑场，烧制器物的窑都是龙窑。龙窑的历史十分悠久。上虞曹娥街道严村李家山曾发掘出五座商代龙窑。商代龙窑有诸多缺陷和不足，带有很大原始性。1978年，在绍兴富盛长竹园对一座战国龙窑进行发掘，发现其窑室短，窑内各部位的温差比较大，窑室底部的温度偏低，还未使用垫具，导致部分产品的底部严重生烧。

到了汉代，龙窑的结构有了改进。1978年，对上浦镇夏家埠村的帐子山两座东汉龙窑进行发掘。朱伯谦在《试论我国古代的龙窑》一文中曾作详细介绍。这两座烧造青瓷和黑瓷的龙窑，呈东西向并列，两窑的前段已遭破坏，东边的一号窑残长3.9米，宽1.97~2.08米。窑底的坡角前段28度，后段21度，前后段交接处有明显的一道凸棱。窑底用黏土抹成，底面铺沙两层，下层已经烧结坚硬，上层松散，圆筒形和喇叭状窑具的底部插入上层沙内，证明沙

古代龙窑模型图

层起固定窑具的作用。窑墙用黏土做成，残高32~42厘米，经过长期高温煅烧，壁面有窑汗，窑汗往上减薄。窑后所出的碗、盏等器物，胎色淡红，质地疏松，说明窑后部分温度不高。二号窑的结构和建筑用材与一号窑相同，只是窑底的倾斜度不同。

在这两座东汉龙窑的窑床内，都保存着部分垫底窑具，避免了产品底部的生烧现象。与战国时富盛龙窑相比，窑床面积成倍扩大，装烧量显著增加，窑床前段坡度大，自然抽力加强，利于发火和升温，后段坡度小，抽力减少，延长火焰在窑内的停留时间。龙窑的结构有了较大的改进。

同年在帐子山对面的鞍山，发掘出一座完整的三国龙窑。全长13.32米，宽2.1~2.4米。由火膛（燃烧室）、窑床和烟道（出烟孔）三部分组成。火膛为半圆形，用黏土铺成。窑床斜长，长10.29米，宽2.1~2.4米。其中前段较宽，后段渐渐缩小。坡角前段13度，后段23度，两边窑墙用黏土筑成，窑顶为半圆形拱顶，用黏土砖砌成。在窑床和烟道之间有一堵挡火墙，以减少窑内的抽力，使火焰流速减缓。在挡火墙后，有一排前后略有参差的五个黏土柱，高0.15米。每个柱面都有窑汗，说明柱上无墙。黏土柱间有六个排烟孔，柱后有黏土堆，形状不规则，是为了调节窑内温度而临时加堵的。

鞍山三国龙窑的长度比东汉时的窑有所加长，增加了装烧量。前宽后窄的结构也更趋于合理，有利于后段瓷器的烧成。但在窑的尾部窑具很少，这是因为离火膛较远，火力弱，温度不够难以烧成瓷器，所以鞍山龙窑装烧量也不大。

在帐子山东汉龙窑的西面有一座晋代的龙窑。该窑仅存窑床后段和出烟坑部分，残长3.27米，宽2.4米，其中窑床残长2.05米。窑的结构和建筑用料与汉代龙窑相同。窑床的后段坡角为10度，与现代龙窑相似。窑底沙层上放置的窑具纵横成行，排列有序，行距有疏有密，以调节窑内火焰的流向。

这座龙窑因保存不全，长度不明，但在窑的后段也放满了窑具，而且在窑内和窑外的废品堆积层都极少发现生烧产品，据此推测该窑可能解决了龙窑分段烧成的问题，即在窑顶或窑室上部两侧设投柴孔，一段段地从投柴孔投柴。这一技术上的突破在龙窑发展史上具有重大意义，以后龙窑逐渐延长，大大提高了窑炉热利用率和装烧面积。

20世纪60年代在窑寺前立柱山窑址中，曾发现一座唐宋龙窑。该龙窑建在立柱山正中的斜坡上，依斜坡而建，南北向，用黄泥坯砌成窑壁，单层平砌，底部及生土，有少许匣钵，北端窑壁残高0.6米，窑床宽2.4米。当年调查时对这座窑破坏不多，将来还有发掘清理价值。

（二）轮制

越窑青瓷在东汉创烧成功。东汉时瓷器的成型方法主要是轮制，轮制的工具是陶车。陶车出现于新石器时代晚期，又名"陶钧"、"转轮"、"辘轳"。它由旋轮、轴、轴承、套筒、荡箍等组成。旋轮通常为木质，背面中心处嵌入耐磨的轴承（汉代以后多为瓷质），搁置在插入土中的轴上，套筒和荡箍起平衡、定位作用。制坯时，拨动旋轮，使之凭惯性快速旋转，然后用手将置于旋轮中央的泥料拉成各式各样的坯件。陶车也可用于修坯、装饰等工序。

在帐子山东汉窑址的发掘中，有陶车构件——瓷质轴顶帽出土。这种轴顶帽内呈臼状，壁面施以均匀的青釉，十分光滑。外壁呈八角形，上小而下大，镶嵌在旋盘的正中部位，加于轴顶上，一经外力推动，即可使旋盘快速而持续地旋转。

在生产现代越窑青瓷的工厂、小作坊里，也有这种改良后的陶车。用一根轴承埋入地下约50厘米，上面用水泥浇筑，使之固定在地面上，轴承上安放连接一个汽车轮胎，轮胎上用水泥抹平，上面再铺一木板，使之平整。用手一转轮胎，就会快速旋转，即可进行拉坯，制作、使用都十分方便。

轮制成型的器物，器形规整，厚薄均匀，还可制作器壁很薄的器物。这种相当进步的半机械设备与熟练的拉坯技术相结合，大大提高了陶瓷手工业的生产效率，使产量与质量都得到了提高。

（三）窑具

在早期龙窑历史中，并不使用窑具。产品直接置于窑床底部焙烧，一件产品占一个窑位。故装烧量不多，产品底部近窑床处温度低，容易生烧，废品率高。有学者认为，越窑生产工艺中最令人瞩目的技艺，莫过于窑具的发明和使用。

窑具是用耐火土制成的，在窑内对烧造产品起承垫、间隔、保护作用。按其作用可分为三类，即起承垫作用的垫具，起间隔作用的间隔具，起保护作用的匣钵。垫具与间隔具历史较早，匣钵至唐代后才出现。

垫具：是指垫在焙烧器物下面，用于承托器物，使器物避免与窑底接触，避免泥沙黏附器物，同时将器物抬升，因为窑床底部温度较低，这样利于瓷胎的完全烧结和瓷釉的完全玻化。商与西周时期，由于还没有垫具，器物的外底和足端往往有砖红色的生烧现象。春秋战国战国，垫具较多地用于焙烧高档的原始瓷。到了汉代，垫具在各窑场中广泛使用，原始瓷和瓷器底部的生烧现象基本消失。

垫具主要有三种。一种为二足饼状垫具，显得较为厚重，一侧有二足，二足置于窑床下坡，没有足的另一侧直接与窑床接触，使垫具承托面保持水平面，既利于器物安放，又避免器物直接与窑床接触而产生粘沙，最主要的还是减少生烧现象的产生。第二种为各色筒形垫具。以喇叭形最为多见，这种垫具，小的一端不规则，便于插入窑床沙土中，大的一端表面水平，便于摆放器物，这类器具有一定高度，便于器物处于最佳烧成位置。除了最为常见的喇叭形垫具外，还有钵形垫具、圆筒形垫具等。第三种为饼形垫具，它一般置于筒形垫具之上，主要用于垫烧大型或广底的器物。这三种垫具中筒形垫具的使用时间最长，直到唐以后，明火焙烧坯件的窑场仍大量使用这种垫具。

间隔具是指在器物与器物之间起间隔作用的窑具。它可以利用窑室内向上空间，通过叠装器物增加装烧量，同时又避免器物发生粘连。最为常见的间隔具是三足支钉。托面水平，呈圆形，下设间距相等的圆锥形三足。使用时三足朝下，托面朝上。

这种三足支钉，在上虞众多窑场中都有发现。小陆岙东汉窑址，尼姑婆山三国西晋窑址等都有这种三足支钉。在上浦甲仗村的六朝窑址中，还采集到两件铭有"羊且足"的三足支钉，窑工在窑具上祈求吉祥（"羊"通"祥"）与富足，这两件窑具被业余爱好者采集，捐赠给了上虞博物馆。

三足支钉形体小，自重轻，可以多叠放坯件，但只有三个支撑点，叠放时重量都集中在三个足尖上，足尖容易陷入碗、钵等器物的内底。所以这一时期广口器物的内底往往都留有三足印痕，这严重影响了产品质量。

在三足支钉出现之后，一种更合理的新窑具出现了，根据其形状，俗称盂形齿口窑具。它的形状呈盂形，一面是平面，另一面是锯齿状，锯齿一般在六个以上，使用时齿口朝下，放在坯件内底，上面放碗、盏等器物，层层相叠。盂形齿口窑具着力点多，重量分散，齿口也不像三足支钉那样尖，故不会因承重而陷入器物的内底。盂形齿口窑具在使用时，常常在足端敷一点能承受高温的白色耐火土，既防止了窑具与器物黏结，又便于窑具的再次使用。但盂形齿口窑具自身的重量限制了叠烧的数量。

托珠：到东晋南朝，一部分窑场开始用一种扁圆形泥点分隔器物，有人称之为托珠，也有人称其为丸状间隔具。托珠早在春秋战国的一些窑场中就已使用，用含氧化铝较多的白色耐火土制成，在当时多用于原始瓷碗、盘、碟等器物的叠烧，在器物的内底和外底往往留有托珠的痕迹。到唐、五代，这种间隔窑具的体积进一步变小，形状也变得多样化。托珠的使用数量在春秋战国时常见为三个，到东晋南朝则多在四个以上，到唐、五代，数量多为十个以上。很多瓯的内底，都留有这种托珠痕。

匣钵：到唐代，出现了一种对越窑青瓷产生革命性影响的窑具——匣钵。匣钵具有三项主要功用：①匣钵大大增加了装烧量。匣钵可以叠在一起形成匣钵柱，增加窑床的利用率。以前产品也可以叠烧，但最后重量都集中在下面的器物上，容易导致倒塌。匣钵叠在一起，重量集中在匣钵上，对里面器物不会产生影响。②瓷坯装在匣钵内，有了匣钵的保护，避免落沙和烟熏，使釉面更莹润光洁，为秘色瓷的产生提供了有利条件。③瓷坯不再承重，产品可以制作得轻巧精致，不再像汉六朝时期那样胎壁厚重。

上虞上浦镇凌湖村的瓿底山窑场，碗呈折腹，施半釉，是一处典型的初唐窑址，在该窑址中，未曾发现匣钵。凌湖村的黄蛇山、窑山，章镇湾头、前进的湾头窑址、凤翼梢山窑址，都属中唐以后的窑址，有大量匣钵的存在。说明匣钵在中唐以后才在上虞各窑场中大量使用。

在帐子山、冯浦窑山、窑寺前等五代北宋窑址中，还经常看到一种圆环形的窑具，俗称为垫圈，常置于器物的外底。垫圈往往高于被垫器物的圈足。在垫圈与器底之间再用泥点（条）间隔。使用垫圈后，着力点在垫圈上，器物胎壁可以进一步变薄，圈足不再受力，可以窄而外撇，足端也可以包釉，变得更光滑。垫圈最早在晚唐时已开始使用，到北宋早期，器物普遍采用垫圈装烧。其装烧过程为：先把垫圈放在匣钵内的中心位置上，然后在垫圈上置泥点（条），再把器物放在泥点（条）上。到北宋晚期，由于器物圈足增高，垫圈也随之变高，成为高垫圈。垫圈的出现和使用是继匣钵后越窑装烧工艺的又一大进步，也有学者把垫圈装烧称为裹釉支烧法。

[贰]制作技艺

根据考古研究发现，曹娥江中游存在大量东汉瓷窑址，表明东汉时期越窑青瓷的烧制已经成为一个独立的生产部门，且有专门的作坊和专门的匠工队伍，为青瓷产品的增加、青瓷质量的改善和工艺水平的提高,提供了可靠的保证。

(一)成型技艺

东汉时期的成型方法大多为轮制,部分采用手制成型。轮制工具为陶车。陶车出现在新石器时代晚期,之后,随着陶瓷手工业的发展,陶车的构造也逐渐完善。完善的陶车由旋盘、轴顶帽、轴、复杆、荡箍组成。旋盘为圆形木质,轴顶帽嵌于旋盘背部中心部,覆置在插埋于途中的直轴顶端。荡箍套置于轴下部。复杆在轴两侧,起平衡、定位作用。

具体操作时,轮制还分快轮和慢轮。快轮常用于圆形器物的拉

辘轳拉坯成型

越窑青瓷烧制技艺

坯成型。方法是将坯泥置于陶车旋盘上，快速转动旋盘，用双手将坯泥向上提拉，通过双手的屈伸拉放，把坯泥拉成所需的形状。慢轮是快轮的前身。原来也是主要的成型工具，但由于速度慢，劳动效率低。快轮开始运用后，慢轮就专门用作修坯和装饰花纹了。轮制成型的器物，器形规整，厚薄均匀，还可制作器壁很薄的器物。陶车这种相当进步的半机械设备与匠工们熟练的拉坯技术的紧密结合，不仅大大提高了陶瓷手工业的生产效率，还保证了瓷器的质量和产量的提高。

而手制成型则可分为三类：第一，捏塑法。一般小型器物多用手捏制而成。用这种方法成型的器物，器形不规整，器壁常留有指纹痕迹。第二，模印法。常用于特殊器形的制作。方法是先制成模型，再将坯泥置于模型内，用手或机械压制，稍干后取出，即成器坯。此法可用于同一器形大规模生产。第三，泥条叠筑法。方法是先将坯泥制成泥条，圈起来，一层层叠上去然后将里外抹平，并进行拍打，使之粘连紧密，胎壁结实。此外，还有分段拉坯，然后粘连成器的方法。器物成型后还要在阴凉通风处晾干，以免坯胎开裂。

三国至隋朝时期，越窑青瓷的成型技术主要以拉坯为主，同时采用拍片、粘连、模印、捏塑等其他手法。拉坯是瓷器生产制作中最重要的成型技术，自东汉即开始使用的轴顶碗装置，大大提高了生产效率。这一技术在六朝时期迅速成熟，碗、盏、罐、钵、壶等器物均可以一次性拉坯成型。文物研究表明，在东晋、南朝时期，工匠已经能制作定型化、大小成套的碗、盘等器物。这表明当时的成型技术已达到相当高的水平，可以精确控制瓷坯的尺寸。与泥条叠筑法相比，在外观与实用性上都取得了长足的进步，器形规整，胎体厚薄均匀。

捏塑法则在各种明器盛行的三国西晋时期运用较广，用于制作男女或动物瓷俑。拍片法则往往与粘连法配合使用，用于制作扁壶、方壶、鬼灶等特殊器形。制作时先拍成薄片，再一一粘连。模印法能成批制作造型相对复杂、规格一致的器物。如狮形烛台、羊形烛台就是使用这种成型方法制作而成的。

唐至宋中期，胎泥需要进行粉碎、淘洗、陈腐、揉练等工序。因此，对制瓷原料的加工是否精细，将直接影响到瓷器的质量。唐代早期，练泥还不够精细，造成瓷器表面不光洁、有小气孔和分层现象。到唐朝中期，练泥技艺有了不少进步，在瓷坯中不见砂粒和小气孔，器表细腻、紧密、光滑。这种练泥工艺一直保持到北宋中期。到了北宋晚期，瓷胎出现有小气孔、不紧密、器表不光滑，修坯不精细等现象，说明在粉碎、淘洗、陈腐等练泥工艺又倒退了，这与越窑的衰落是同步的。

唐代早期，器物均采用拉坯成型，然后进行修坯。由于技术还不成熟，从出土的大量唐代早期作品看，圈足有不规整、大小不均

的现象，在器壁留有修坯的痕迹，制作粗糙。到了唐代中期，坯件
制作水平进一步提高，修坯精细，器表光滑，挖足整齐，胎壁趋于轻
薄，呈现出端庄稳重的特点，产品质量明显提高。唐代晚期，胎体的
制作十分工整精细，胎壁普遍变薄。器物采用分段制作、粘连而成
的工艺，而不再用挖足技法。到了五代北宋中期，器物胎壁较唐代
晚期更薄，小巧玲珑，制作精良。到了北宋末年，越窑开始衰落，器
物制作粗糙，厚薄不匀。

　　而在瓷釉方面，虽然上林湖历代瓷釉组成并无很大的变化，但
随着制瓷工艺的不断改进，人们审美观的变化，瓷釉的色泽也随之
发生变化。这在上林湖地区的历代越窑一直中有明显的反应。从唐
代早期窑址标本来看，釉色有青灰、青黄，还有淡青；釉层薄，不均
匀，普遍无光泽感，透明度不高，这很可能与明火装烧有一定的关
系。到了唐代中期，装烧技术有了长足的进步，大量采用匣钵装烧，
产品质量显著提高。釉色以青、青黄、青灰为主，不见前期的淡青
釉，釉层均匀，透明度好，光泽感强。唐代晚期的釉色以青黄、青灰、
青泛黄为主，还有少量的青、青绿釉。这一时期的产品以釉色和造
型取胜，追求"千峰翠色"般的釉色，如冰似玉的效果，如法门寺出
土的秘色瓷那种光亮、滋润、柔和呈半透明状的青绿色釉。五代时
期的釉色基本与晚唐一致。北宋早中期，釉色以青灰、青黄釉为主，
还有少量青釉和青绿釉，釉层薄而透明。到了北宋晚期，大量器物

采用明火装烧,不但产品制作粗糙,而且釉色普遍灰暗,无光泽。

(二)装饰技艺

东汉时期,发轫期越窑青瓷的装饰工艺,与其他工艺相比虽然也有鲜明的文化特征和强烈的地方色彩,但更多地体现了它的继承性,即带有明显的原始瓷和印纹硬陶时期的烙印。当时的装饰工艺可分为刻划、拍印、堆贴、透雕等。

刻划,指用尖锥形的器具,在胎体上刻划出各种纹饰。最常见的是弦纹和水波纹。

拍印,大多用于体形较大并用泥条叠筑的瓷坯上。拍印的纹饰

刻划

种类较多。常见的有麻布纹、斜方格纹、窗棂纹、绳纹、网纹、三角纹、回纹、席纹、曲折纹、圆圈纹、叶脉纹等。这些纹饰有些事先在木板或陶拍上刻成阴文，再拍到半干的瓷坯上，有些是用粗细适当的绳子缠绕在拍子上，再拍到半干的瓷坯上。

堆贴，指先用手捏或模制的方法，制成器物所需要或可装饰器物的耳，有人物、动物、亭阙等堆塑件，然后有规律地将其粘接到器物上。

透雕，是在器物坯土未干时，用刻花刀将装饰图案雕通的技法，常用于香熏等器物。

尽管发轫期越窑青瓷的装饰工艺简单、朴实，但仍然体现了古代中国陶瓷艺术简洁大方、对称均衡的特色，为后期装饰工艺的发展和成熟奠定了基础。

三国至隋朝时期，瓷器刚从东汉时期的原始青瓷脱胎而来，尚不成熟。三国时期的器物造型和装饰受到汉代陶器、铜器、漆器的影响，经过近百年的发展，至东吴末期西晋初期越窑进入兴盛期，瓷器成为相对较为独立的成熟工艺产品，具有了自己独特的工艺技术和丰富的装饰题材。

在保持风格相对一致的前提下，在每一个时代的实用和美学的催迫下，越窑青瓷的器形循序渐进地演变。这时器形的变化期有以下规律：第一，造型的发展趋于实用。瓷器作为一种新兴的手工业产品，在这一时期逐渐取代金属器物、漆器而走向千家万户，其发展趋势必然是趋向于实用。第二，体形由矮胖到修长。这主要也是出于实用、美观的需求。从总的演变趋势看，这一时期的青瓷由较小到较高大。由扁矮肥胖到浑圆修长，器物轮廓从刻板的圆弧线到富于变化的曲线等。第三，动物形象由生动到呆板。第四，堆塑罐装饰由简单到复杂。

而在装饰技法上，这一时期采用的主要有刻划、压印、戳印、透雕、点染和绘画等。其中刻划和透雕在前文中已有介绍。压印是将带状网格纹用阴刻相应纹饰的圆形在未干的坯体上滚压而成。戳印是用带齿状缺口的圆管印成联珠纹。点染则仅用于点染褐色彩斑。绘画则为在器物表面绘制各色图案。

这一时期的越窑青瓷工匠运用他们的聪明才智，把丰富的装饰手法运用在青瓷制作中，为后世留下许多珍贵的艺术品。

唐代的越窑青瓷造型端庄，釉色滋润典雅，有"千峰翠色"、"如冰似玉"之称，其装饰工艺也已经达到非常高的水平。考古研究显示，该时期越窑青瓷装饰技法新颖多变，花纹多样，构图美观。纹饰多出现在碗、盆、盒、壶、香炉、砚等器物中。该时期的装饰艺术，主要表现在装饰技法和纹样题材两个方面。装饰技法有刻划、印花、堆塑、点彩、镂雕等，花纹有荷花荷叶、鱼纹、葵花、云纹、龙纹等。

唐代中期，越窑青瓷的装饰工艺进一步发展，多使用刻划、印花、点彩、堆贴、雕刻等手法。到了唐代晚期，装饰工艺在继承唐中期风格的基础上，又有了新的变化。主要装饰技法有刻划、印花、点彩、镂雕和金银饰等。其中金银饰是对秘色瓷的再加工，或在器口器足镶嵌金银边，或在器物表面涂金，使器物更加美观、华丽。五代时期，越窑青瓷装饰工艺继承了晚唐的特点，主要装饰技法是刻划、点彩、金银饰、镂雕等。北宋早中期的装饰技法仍是刻划、镂雕等。这一时期装饰纹样繁多，题材广泛，构图优美，装饰技巧娴熟精妙，表明越窑仍处于鼎盛阶段。而到了北宋晚期，出土瓷器的质量低劣，装饰手法粗糙，装饰纹样简单呆板，是越窑青瓷的衰落期。

（三）装烧技艺

在东汉发轫期，越窑青瓷装烧工艺的基本特色是：使用窑具，出现叠烧，用松木做燃料，灵活控制烧成气氛，用明火裸烧。其中窑具的发明和使用、烧成气氛的控制和运用，对我国陶瓷工艺的发展和繁荣，起到了巨大作用。

窑具一般由耐火黏土或瓷土制成。按使用性质分为垫具、间隔器和匣钵，东汉时仅使用前两种。

垫具，指垫在器物下方，用于支托的窑具。它能支托瓷坯，使之不着地，以减少泥沙对瓷坯的污染。同时，将瓷坯抬高至窑室内最佳烧成位置上，以利用瓷胎的完全烧结和瓷釉的完全玻化，从而提高产品质量，降低废品率。

常见的垫具样式有圆筒形、覆钵形、束腰形喇叭、双足形等。为与窑床的斜度相吻合，垫具的器底多成斜形，置于窑底沙石中，使之固定。为均衡窑具内外壁温度，便于火焰流通，垫具的腰部常镂有对称的气孔。根据烧制产品的高低大小和产品在窑室内所处位置的不同来选择垫具，也可叠加使用。

间隔器，指放在器物与器物之间，使之隔离开不致粘连的窑具。它能最大限度地利用窑室空间，增加器物的装烧数量。常见的样式有三足支钉，托面呈圆形，下设间隔相等的圆锥形三足。使用时三足朝下，托面朝上。

三足支钉的体形一般较小，也有用泥点替代的。后来出现的锯

各种间隔器

齿状间隔器、盂形状间隔器、环状间隔器及托珠、泥条等窑具，都是在三足支钉和泥条的基础上发展演变而成的。

要保证青瓷的烧制质量，烧成气氛的控制很重要，不仅要使窑内温度提高到1200℃左右，而且要很好地控制窑室内的烧成气氛。烧成气氛有氧化气氛和还原气氛之分。所谓氧化气氛，即瓷坯在整体烧成过程中，在充分供给氧气的情况下加热升温，直至烧成。在这种气氛下，瓷釉中的铁成分会随着氧化气氛的强弱而呈现出各种黄色调。所谓还原气氛，即瓷坯在高温阶段的某一温度内，处于缺氧状态时的加热升温留在这种气氛下瓷釉中的铁成分会随着还原气氛的强弱而呈现出各种青色调。在成熟瓷器的烧制过程中，还原气氛的控制特别受重视。当然，这里还需要注意烧成后的冷却过程，冷却速度过慢会发生二次氧化，使釉色"青中带黄"，冷却速度过快又容易产生"惊风"现象，会使釉层开裂。

三国、两晋、南朝时期是越窑窑炉技术大发展时期，经过长时间的摸索，中国古代工匠终于在晋朝完成了分段烧成技术的创新，窑床坡度，窑炉结构趋于完善。东汉时期龙窑长度估计在10米左右，而经过这一时期的技术改进，到了唐朝初期，龙窑的长度已达到20米，有的甚至超过50米。

这个时期使用的窑具主要是垫具和间隔器，匣钵还未出现。由于龙窑的火焰是呈平直状自下往上流动的，因此在同一窑内的不同高度上温度相差较大，一般来说，接近窑底部位的温度是不利于瓷器烧成的，所以必须把瓷坯抬升到一定高度，才能烧制出理想的瓷器，这就要用到垫具。三国时垫具以喇叭形、筒形、钵形为多见，喇叭形垫具较高，筒形和钵形垫具一般放在喇叭形垫具上用以调节高度，其上再放置瓷坯。间隔器还是以三足支钉为主，但由于这种间隔器具有明显缺陷，叠装过多，器物的重量过于集中在面积很小的支钉尖部，往往会陷入胎体，影响瓷器的质量和成品率，在大器物上的使用受到一定的局限。于是，勤劳智慧的中国古代窑工在三国末西晋初期创造了一种新的间隔器——盂形齿口间隔器。该间隔器在西晋和东晋时期被广泛使用，齿口数量多少不一。同时，该时期的工匠多选择筒形和钵形垫具，而不是小而高的喇叭形垫具。到了南朝，筒形垫具形制增多，齿口间隔器已基本消失，发展成口沿平齐的盂形间隔器。由于这一时期匣钵还未出现，因此垫烧的窑具并没有太大的变化。

　　这一时期的装烧方法基本上因袭传统，鲜有创新。主要的装烧方法有单件烧、叠烧、对口合烧。单件烧用于大型器物和不能堆叠的器物，如堆塑罐、香熏、狮形器等。叠烧分两种：一种是用间隔器作间隔，有的在齿口窑具的齿尖上用泥点，自南朝运用盂形间隔后，间隔器与器物之间用泥点隔开比较普遍。另一种是直接用泥点做间隔。对口叠烧是用两件大小相仿、口沿平齐的器物，如盆、洗、钵之类，口对口合起来，中间用泥点作间隔。这类器物体形较大。里面可以再放小件器物，这种装烧方法或许就是匣钵的起源。

经过三国、两晋、南朝360年的发展，越窑的生产工艺在各方面都有了长足的进步，特别是窑炉技术的成熟和定型，瓷器的平民化，更具有非同寻常的意义。这一时期是越窑青瓷发展史上一个极为重要的阶段。

唐代到北宋中期，越窑青瓷烧制技术在承袭前代的基础上，有了长足的发展。瓷器的特征随着实用功能和审美时尚的变化而发展，而装烧瓷器的窑具以及烧制技术也随着瓷器造型的变化进行改革、创新、发展。考古调查表明，除了垫具和间隔器以外，这一时期的匠工还用匣钵作为主要窑具。匣钵是用来盛装和保护瓷坯的，有钵形、M形、直筒形和匣钵盖。

在烧制技术上，主要有泥点垫烧、匣钵装烧和垫圈垫烧三种。

泥点垫烧，就是用泥点或小泥块间隔坯件和窑具，防止坯件之间和坯件与窑具之间发生粘连一种烧制方法。泥点一般采用经过淘洗过的坯泥，随手捏成，支垫于器底。采用泥点垫烧，具有以下特点：第一，用泥点间隔叠烧的器物件数一般在10件以上，能增加装烧量；第二，器物的内外底粘有泥点，虽然泥点容易在瓷器上剥落，但会在瓷器上留下泥点痕或凹痕，影响美观和实用。

匣钵的发明与使用是瓷器生产发展史上的一大突破，具有重要的意义。其主要功能是：第一，扩展窑炉的竖向空间，叠成匣钵柱，提高装烧量，同时，充分利用窑炉内的热量，减低燃料的无谓消耗，提高热利用率。第二，对瓷坯起到保护作用，提高良好烧成空间和烧成气氛，避免落渣和烟尘侵袭瓷器的釉面，从而提高产品的质量。第三，减轻瓷坯负载重量，减少瓷坯叠压倒塌现象，提高成品率。第四，由于瓷坯不再承重，故瓷坯造型日渐轻盈精巧。

唐代早期，已有少量的匣钵出现，部分器物已采用匣钵装烧。匣钵由耐火土制成，面平，直壁，有4个小圆孔，底空，形如圆台。面缘和足端各有一周泥点痕，表明在叠压时，匣钵之间采用泥点间隔。这种方法一直沿用到五代。直到中唐时期，除了耐火土匣钵外，又出现了瓷质匣钵。晚唐、五代作为越窑青瓷的鼎盛时期，也普遍采用瓷质匣钵。瓷质匣钵主要有钵形、直筒形和平面直壁圆台形，胎壁薄、分量轻。瓷质匣钵除了具有和耐火土匣钵同样的功能外，还具有以下特点：第一，匣钵之间不用泥点间隔，采用涂釉密封。这就保证其产品在密闭状态下，造成缺氧而形成适合青绿釉呈色要求的强还原烧成气氛；在停火降温时避免瓷器的二次氧化，以免对釉色产生不良影响。第二，匣钵与瓷坯为同种原料制成，因此在烧成过程中，两者的热胀冷缩率相同，瓷坯在匣钵内始终保持着稳定状态，避免器物与匣钵的粘连，从而提高产品率。第三，匣钵内大多数为单件装烧，造成产量降低，成本提高，产品价格昂贵。第四，烧成后，必须打破匣钵才能取出器物，匣钵是一次性的。瓷质匣钵的出现和使用，是陶瓷装烧技术上的一大突破，对越窑青瓷质量的提高起到了重要作用。运用瓷质匣体装烧的瓷器，釉色亮丽，釉层均匀，造型规整，制作精良，是越窑青瓷中的精品。

垫圈垫烧，则在装烧过程中使用垫圈。垫圈，多为圆形或圆环形，用瓷土制成，使用时垫于瓷坯的外底。垫圈的大小、高矮是根据瓷器的圈足大小、高矮来制作的，其高度必须超过被垫瓷器圈足的内壁。垫圈的出现和使用是越窑烧制技术的一大进步。它的主要作用是：第一，将原来垫于足端的泥点移至外底，使足端包釉、光滑。第二，瓷坯被垫圈托起，与匣钵的触粘点可进一步变小。第三，器壁减薄，圈足变窄，外撇，使器物的造型更加优美。

北宋晚期以后，由于原料、燃料和来自当时政府的阻力等原因，越窑青瓷产业全面衰落。

北宋晚期的越窑青瓷产品大多制作粗糙，以明火叠烧为主，釉色灰暗，纹饰以刻划、印花为主，其他装饰少见，显出了一股衰败之迹象。

总之，在越窑青瓷的烧制过程中，古代窑工创造发明过许多提高产量，保证质量，增进美观和减少成本的新工艺。正是这些新工艺的诞生和普及，才换来越窑青瓷的美好声誉和灿烂前景。它不仅为越窑青瓷的成功烧制提供了必要条件，更是越窑装烧工艺的一大进步，还为越窑青瓷的成长及后世的发展和繁荣奠定了重要基础。

[叁]工艺流程

（一）原料

我国南方盛产瓷石，它是由流纹岩、石英粗面岩、长英岩等岩石中的长石类矿物经受后期火山的热液作用绢云母化而生成的岩石。瓷石的矿物组成主要为石英和绢云母，但由于风化程度不同也会含有少量其他矿物元素。风化程度浅的，则会由于部分长石尚未绢云母化而含少量长石，风化程度深的，也会由于长期地质作用而生成少量高岭石。因此，风化程度的差异，会导致瓷石中主要含有石英、绢云母以及少量长石和高岭石类矿物。这些矿物组成反映在化学组成上则是高SiO_2，低含量的Al_2O_3，一定量的K_2O和Na_2O，以及少量的CaO、MgO、Fe_2O_3和TiO_2等杂质。浙江、江西、江苏、福建、安徽、湖南以及四川等地区所产瓷石的化学组成变化都不大。一般SiO_2含量在74%~79%，Al_2O_3含量在13%~18%，熔剂总量在8%左右，这样的化学组成正是在1200~1300℃这段范围内烧制的瓷器所必需的。

青瓷的成功创烧，与瓷石作为制瓷原料密不可分。用瓷石作为制瓷原料，也就形成我国

原料：瓷石

南方早期的石英—云母系瓷的特色。只是到后来才逐渐在瓷石中掺入高岭土才形成石英—云母—高岭石系高硅质瓷，而不同于隋唐时期在我国北方所形成的石英—长石—高岭石系的高铝质瓷。

瓷石完全风化后就是通常所见的瓷土。广义上也指粉碎瓷石所得之土或人工配制成的制瓷原料。主要由高岭土、长石、石英等组成。高岭土是以高岭石为主要成分的黏土，因为发现于江西景德镇的高岭村而得名，国际上称之为KaoLin。外观呈白色或灰白色，光泽暗淡，硬度1，比重2.58~2.60。纯粹的高岭土含$SiO_2$46.51%、$Al_2O_3$39.54%、H_2O13.95%，熔度为1780℃。因高岭土可塑性差、熔点高，单纯用高岭土是不能制成瓷器的，一般需掺入其他原料。

石英，又名"硅石"，是自然的结晶氧化硅。颜色不一，无色的称"水晶"，乳白色的称"乳石英"或"玉髓"，浅红色的称"蔷薇石英"，紫色的称"紫水晶"，黄褐色的称"烟晶"和"茶晶"，黑色的称"墨晶"。具玻璃光泽，硬度7，比重2.65~2.66，熔度为1730℃，粉碎后无黏性，可降低陶瓷原料的黏度。

长石，以氧化硅和氧化铝为主，并混杂钠、

原料：釉土

钾、钙等金属氧化物。用含有较多长石原料制成的瓷器，胎质坚硬，呈半透明状，吸水率低，机械强度高，并具有良好的化学稳定性。

上述制瓷的基础原料和辅助原料，可以用瓷土统称之。从化学组成来说，SiO_2和Al_2O_3，是瓷器成型的基本材料。Fe_2O_3则是瓷胎中的重要媒熔原料。

各越窑窑场使用的瓷土原料，其化学成分与含量都有细微差别。这表现在器物的胎质上，色泽、强度、致密性等都也会有差别。

瓷土（石）经粉碎、筛选、淘洗后，还需进行配制，以调整原有成分的含量，使之更符合制瓷工艺的要求。补充哪些成分，配制多少数量，是工匠在实践过程中摸索，并根据经验而定的。

也有学者认为瓷土不用进行配制就能直接进行制作。在上虞的小仙坛东汉窑址附近曾找到了制瓷原料——瓷石，它的化学成分与小仙坛东汉窑址青瓷胎的化学成分基本一致，这说明，当年小仙坛制瓷作坊是利用本地天然的原料生产瓷器的。

（二）制作工序

越窑青瓷的制作是一个复杂的生产过程。不同的历史时期，不同的窑场，不同的器物种类，制作工序也各有不同。越窑自东汉创烧出成熟瓷器，历三国西晋的鼎盛期和五代北宋的全盛期，制瓷技术日趋成熟。这种技术不断向外扩散、传播。瓯窑、婺州窑、邢窑、定窑、耀州窑、长沙窑、景德镇窑、汝窑、梅县窑、歙县窑、龙泉窑等都曾受到越窑制瓷工艺的影响，朝鲜半岛也是在越窑的直接影响下创烧出高丽瓷的。

由泥变成瓷器要经过多道工序，大体有：取土(石)、粉碎、筛选、淘洗、陈腐、练泥、成型、晾晒、修坯、装饰、施釉、烧成等，烧成出窑后还要对产品进行检选。取土是制瓷的第一道工序，窑工往往开采窑址附近的瓷石或瓷土作为制瓷原料。粉碎是将瓷土(石)置入捣臼，用水碓进行粉碎，直至粉末状。两汉之际，我国已出现水碓。这是一种利用水的冲击，带动木轮，并使之附着的春槌作上下挥动的机械装置。东汉末年又出现翻车、渴乌等提水工具。史书上有

粉碎瓷土、釉土一般都是采用石轮碾或水碓

"设机车以引水"、"为曲筒以气引水"的记载。这些进步的生产工具,有利于当时生产力的解放,因此很快得到推广。瓷业生产中原料的粉碎,不仅量大,而且必须捣得很细,改用水碓后,省力不少,效率明显提高。越窑窑场大多近河靠溪,有充足的水力资源,使用水碓尤其方便。

原料粉碎后通过筛选除去石块、草根、颗粒等,再经过淘洗,去浮泥,减少含砂成分及其他杂质,使原料更纯洁、更细腻。

陈腐俗称"储泥"或"困泥",是将泥料堆放于避光、不通风的室内,在一定的温度和湿度中储存一年左右,然后才能用来制坯。泥料在储存过程中发生氧化和水解反应,因胶质增多而改善了可塑性,同时,泥料中的有机物质被腐烂分解,可减少坯体在焙烧过程中产生气泡,对提高质量颇为重要。

练泥是因泥料不均匀,含有很多气泡,而对泥料反复翻扑或敲打、踏练。经过练泥,原料的组织变得细密均匀,改善了成型性能。

成型是将加工好的泥料用捏塑、模印、拉坯、泥条盘筑等方法制成器物。拉坯是其中最为常见的成型方法。

晾晒,成型后的坯体一般含有较高的水分,须将其晾晒,使坯体达到一定的硬度,以适合修坯、上釉、烧制等工序需要。

修坯是指在晾晒后达到一定硬度的坯体上进行外形修整,使坯体表面细腻光洁、厚薄均匀,拉坯成型的器物还可通过修坯挖出底足。有些器物需加装身、流、把等部件的，也可在进行修坯这道工序时完成。

装饰是美化瓷器的重要手段，一般是在修坯后或与修坯同时进行。常见装饰技法有刻花、划花、彩绘、镂空、贴花等。

施釉，亦称"上釉"、"挂釉"、"罩釉"等，即在青瓷坯体表面施上釉浆，这层釉浆在烧制后即成为光亮、坚硬的釉层。传统的上釉方法比较多，早期一般采用刷釉法，汉代以后有浸釉、荡釉、浇釉、吹釉等多种方法。

装窑烧成是制作的最后一道工序。将坯体装入窑炉中，用一定的温度和烧成气氛进行焙烧。焙烧时，胎、釉发生一系列的物理变化和化学反应，使产品获得所需的强度、光泽、釉色和其他性能。

检选产品，烧成后，产品冷却出窑，须经过检选，开裂、变形、粘连、釉色不正、产生气泡的产品是不合格的，往往丢弃在窑炉下方或左右两边，久之即成废品堆积层。当今调查发掘古窑址，采集、发掘所得的瓷片就是昔日烧窑时的残次品。

在越窑青瓷制作过程中，瓷泥(石)的选取、釉料的制作、成型装饰与烧成，是其中最为重要的环节。

一般而言，越窑青瓷的制作通常有以下几道工序：

1. 釉原料选择及配方

釉料同样采自上林湖周边山区地底下数米深的优质土层。瓷釉的化学组成标准为：

SiO_3 59.00~64.00%   CaO   12.00~19.00%

Al_2O_3 12.00~14.00% MgO 1.51~4.09%

Fe_2O_3 1.53~2.45% K_2O 1.59~1.91%

TiO_2 0.56~0.69% P_2O_5 0.72~1.95%

Na_2O 0.72~1.25%

2. 釉原料的加工

（1）粉碎：与坯原料的加工相似，釉原料的一般粉碎采用石轮碾或水碓，精细加工则需要手工来粉碎。

手工打碎原料

（2）配料、混合打浆：釉原料由多种不同性质的泥土混合配制而成，配制好的釉料要进行混合打浆。

（3）球磨：为使釉土颗粒大小适宜，要进行球磨。球磨的时间需要仔细把握，时间过长，会使釉土颗粒过细，烧制过程中容易产生跳釉的现象；时间过短，釉土颗粒过粗，则不易烧出青透的质感。

（4）过筛除铁：用磁石和细的筛网将釉料过滤，清除其中的杂质，这样烧制后釉面不易出现黑点和铁质。

经过上述的步骤，釉料就可以装缸备用。

3. 坯原料选择及配方

瓷料采自周边山区，地底下数米深的优质土层。瓷土的化学组成标准为：

SiO_2	72.00~76.00%	TiO_2	0.74~0.88%
Al_2O_3	15.00~18.00%	K_2O	2.44~2.77%
Fe_2O_3	1.75~2.50%	Na_2O	0.67~1.08%

4、坯原料的加工

（1）粉碎：坯原料的粉碎一般采用石轮碾或水碓，若需精细加工则需要手工粉碎。

（2）配料、混合打浆：坯原料由多种不同性质的泥土组成，使用时要将其混合配制，再将配制好的瓷料进行打浆。

堆积陈腐

（3）淘洗与压滤：瓷料还要进行淘洗，剔除其中的杂质。淘洗需经过几十次来回过筛，把瓷土中最细、最精华的泥油保留下来。淘洗后将泥油装袋，放进压箱中，压滤除水。

（4）陈腐：压滤除水后的瓷土，须放在阴凉密封的环境下进行陈腐，使瓷料中的有机物慢慢腐烂，加强瓷料的黏性和结构力。陈腐对瓷料的可塑性很重要。如果没有陈腐半年以上，瓷料中含有细菌，会造成坯体的不稳定；如果陈腐时间过长，瓷料中无机物缺乏，坯体就会缺少变化。

（5）练泥：瓷土在使用前还要进行揉练，传统的练泥方法是用手工揉泥，将要使用的瓷土揉练均匀，一般揉泥的手法有羊头揉泥法和菊花揉泥法。也可使用机械练泥工具——真空练泥机，但效果不如手工。

5.成型

将制备好的坯料，制成具有一定形状和尺寸的坯件，如碗、盘、杯、瓶等。其中拉坯成型是最传统的成型方法，对基本功的要求较高，一般用于制作器皿类的圆形作品。模具灌浆成型和模具压印成型是现代的工艺，它可以制作异型体的各类作品。拉坯法按以下步骤进行：

（1）把正：让泥旋转的轴心与拉坯机旋转的轴心重合，使泥团处在拉坯机的中央。这样，在拉坯时，泥的轴才会正，各个方向上的层数才能继续保持均匀一致。此时拉坯机转速最快。

（2）开孔：用手指在泥中央开一个小孔。

（3）提拉：将泥集中，使泥团的高度上升，泥壁变薄，直径缩小。由于青瓷器物一般以圆形为主，所以大多将泥提拉成一个大致的圆柱形。在提拉时手指相错用力。需要注意的是：拉坯机的速度要恒定，手与轮配合，做到轮子转一圈，手也走一圈；如果轮子还没转完手就往上走，会造成泥壁厚薄不匀。

拉坯成型

（4）放形：不改变泥的厚度，将泥往外推，使泥制成所要的器形。此时拉坯机转速最慢。

（5）齐口：每次放形都要齐口。如果泥被挤压上来，或厚薄不均匀，都会造成碗口的不平。在拉坯时，手和肘都要找一个支撑点。需要使用双手时可以将两肘架在腿上；而当只用右手的手指处理坯时，左手可以扶住右手，提供支撑。同时，拉坯时要反复搓手，以保证手上有适量均匀的泥水（即泥油）用于润滑。如果泥油太少，就用手少量蘸水来润滑。

（6）晾坯：刚成型的瓷坯含有大量的水分和油脂，须经过一段时间的晾制，使坯体达到一定硬度，便于进行修坯、上釉等工序。晾坯有自然干燥法、烘干法等多种方法。

（7）修坯：修坯即对瓷坯进行修整。成型后的瓷坯通常比较粗糙，通过修坯可使瓷坯表面细腻光洁，厚薄均匀；拉坯成型的瓷坯还可通过修坯挖出底足；也可在修坯过程中加装耳、流、把手等部件。

（8）装饰：坯胎成型后，匠师们据不同时代、不同地域、不同人物的审美需求进行装饰绘纹，方法多种多样，如，划花、刻花、印花等。刻划纹饰要在坯胎尚未完全干透时用竹片、铁叶刀、针刻等特殊工具进行，印花或雕塑则在坯泥较湿时进行。

刮坯修足

（9）干燥：干燥坯体要在通风阴凉的环境中进行，因为坯体在干燥过程中要收缩，稍不注意就会使坯体变形、开裂。

（10）素烧：成型后的各种坯胎，一般含有较多水分，很容易产生变形和破损，而且吸附釉水的能力差。所以未施釉的生坯须经一定温度的热处理，使坯体内水分挥发、有机物挥发和燃烧、碳酸盐分解，矿物组成和结构初步形成，从而使坯体具有一定的机械强度，以利于装饰和施釉等加工，减少损耗，实现快速烧成，提高产品质量。这也是青瓷与白瓷烧制工艺上最大的不同之处，白瓷制作时一般没有素烧这一步骤。

6.上釉

又称施釉、挂釉、罩釉，即在瓷坯表面施以釉浆。施釉可使烧成的瓷器表面光洁细腻，色彩缤纷，更具观赏价值。

上釉有很多种方法，根据瓷坯的不同形状、厚薄，采用相应的方法。有拓（涂）釉法：用笔或刷子蘸釉浆后涂于素坯之上；吹釉法：用管筒，一端蒙细纱，蘸釉浆后吹于坯体之上，多次反复至均匀乃成；浸釉法：一般用于坯体外部

上釉

施釉时,手持器坯浸入釉浆中轻轻上下拉动或左右转动,借坯体的吸水性让釉附着于胚胎上;荡釉法:把釉浆注入器坯内,上下左右旋荡胎体,使釉浆均匀附着在器坯内壁,壶瓶、罐类容器常用此法。此外,还可将坯体放在旋轮上施釉,利用旋转产生的离心力使釉浆散甩到器坯内壁上,称为轮釉法。

目前大多采用浸釉法,详细步骤如下:

(1)上釉前

①去灰:用刷子轻轻刷掉坯体上的灰土。如果粉尘不刷干净,釉跟坯的接触吸附不好,容易造成缩釉。

②补水:用刷子蘸水,将瓷坯里外均匀地刷几遍,使瓷坯含有一定的水分,以免上釉时吸入太多的釉水。

(2)上釉时

①搅釉:釉很容易沉淀析水,所以在上釉时,要先将釉搅拌均匀,搅掉最上面的析水层,防止坯吸水。

②手张开,用手指抓敞口瓶的底部,瓶口朝下,倾斜约45°插入釉中。倾斜是为了让适量的釉进入瓶内,以施内釉。

③上内釉:当瓶内进入适量的釉之后,迅速将瓶摆正,只有口沿还没入釉中。然后抖动手腕(提、顿、抖),使瓶内的釉向四周、向上沾满瓶的内壁。

④上外釉:上内釉结束后,将瓶摆正,往下浸入釉中,到预定的

高度，再迅速拔高，将瓶体抽离釉面。

⑤沥釉：将瓶体抽离釉面后稍停留一会儿，让多余的釉从瓶体上流下，直至釉滴落得不明显为止。

⑥翻转：从上釉开始，瓶口一直是朝下的，最后一步要将其翻转摆正。翻转动作要快速，虽经过沥釉，但瓶口及瓶壁处仍有不少釉。如果翻转太慢，釉会在瓶口的某处聚集，再流下。快速翻转，才能使釉沿四面瓶壁均匀流下。

（3）上釉后

①须晾一段时间。然后去底釉和修釉面，即将器物上多余的釉修掉。因为釉在高温下会结晶，釉面的硬度也相当高，若多余的釉粘到窑板上，很难去除。

②上完釉的器物要轻拿瓷坯的中间部位来搬动。待干燥至含水量为3%左右就可入窑烧制。

7. 釉烧

素烧后的生坯施釉后再烧成则称为釉烧。这是青瓷器烧制的最后一道工序。一件瓷器烧制成功与否，与窑的形状、装瓷匣钵入窑后的摆放位置、烧成温度的高低、窑内火焰燃烧的化学变量等都有极大关系。现代烧制中，窑要尽量装满，不能缺一只角，否则会导致炉内环境不均衡。我国瓷器生产常见的装烧方法有仰烧、叠烧、垫烧、支烧、覆烧等；窑炉形制则有龙窑、馒头窑等。现代越窑青瓷生产通常使用梭式窑或电窑烧制，便于控制窑炉温度和烧成气氛。烧制越窑青瓷，烧成时间大约为12小时，窑炉内是强还原气氛，最终烧成温度控制在1300℃左右。

烧成后窑内温度非常高，所以青瓷制品出窑前需要有一个降温过程。降温时间在12小时左右，温度至60℃以下才可以从窑炉中将青瓷制品取出。

8.检验与包装

出窑后，对烧成的青瓷制品进行检验。瓷器的制作过程复杂，成功率较低，所以要对成品进行等级划分，然后对检验过的青瓷制品进行包装。

检验与包装

附：工艺流程图

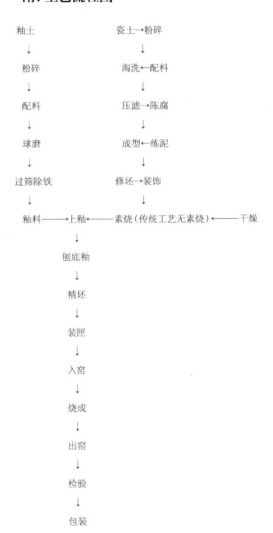

釉土　　　　　　　瓷土→粉碎
↓　　　　　　　　　　↓
粉碎　　　　　　　淘洗←配料
↓　　　　　　　　　　↓
配料　　　　　　　压滤→陈腐
↓　　　　　　　　　　↓
球磨　　　　　　　成型←练泥
↓　　　　　　　　　　↓
过筛除铁　　　　　修坯→装饰
↓　　　　　　　　　　↓
釉料———→上釉←———素烧（传统工艺无素烧）←———干燥
　　　　　　　↓
　　　　　刨底釉
　　　　　　　↓
　　　　　精坯
　　　　　　　↓
　　　　　装匣
　　　　　　　↓
　　　　　入窑
　　　　　　　↓
　　　　　烧成
　　　　　　　↓
　　　　　出窑
　　　　　　　↓
　　　　　检验
　　　　　　　↓
　　　　　包装

三、越窑青瓷的文化艺术内涵

越窑是我国古代历史最悠久、影响最广泛的瓷窑体系之一，越窑烧制的秘色瓷，素有『姿如圭璧』、『圆似月魂堕，轻如云魄起』、『色如烟岚』、『类玉类冰』、『千峰翠色』、『捩翠融青』、『嫩荷涵露』等美誉，堪称风华绝代，不仅为历代帝王所青睐推崇，亦被文人墨客所吟咏赞美。它引领了宋代以前中国瓷器尚青的审美潮流与时尚。

三、越窑青瓷的文化艺术内涵

[壹]文化内涵

北京故宫博物院、中国历史博物馆、上海博物馆、南京博物院……国内一流的博物院（馆）大多有越窑青瓷的收藏与陈列，每天都有大量的观众来参观，其中不乏国外的观众。文化的差异、语言的不同阻碍不了他们参观的热情。也许他们并不能深入理解其中的精髓，或者很难真正体味其中的美感，但他们是怀着崇敬的心情在

嵇锡贵的刻珍珠地法

欣赏先人创造出的辉煌文化的。

（一）越窑青瓷蕴含的文化元素

在当时，越窑青瓷是一种商品，制作、运输、销售越窑青瓷是为了谋生。生活在社会底层的窑工压根儿也没有想过要在越窑青瓷中掺入一些文化元素，他们只是想把产品制作得尽可能美观些，在不

自觉中，就把当时的一些社会与生活现象、祈盼与感悟、对美的理解等信手制作在越窑青瓷上。

"此地有崇山峻岭，茂林修竹，又有清流激湍，映带左右，引以为流觞曲水。"王羲之的千古名篇《兰亭集序》让多少代人都心驰神往这青山绿水之地。日出而作、日落而息的上虞、慈溪、余姚等地的古代先民，整日目睹的都是这青翠的世界。窑工把山水的青绿成功地再现在瓷器上。古人对青山绿水的喜爱是自然之情，现代人更是倡导绿色理念。朴素的审美观孕育并演绎出了世界上最早的瓷器——越窑青瓷。

历代众多诗人都对越窑青瓷这种悦目的青与绿进行了歌咏礼赞。陆龟蒙在《秘色越器》中喻之为"夺得千峰翠色来"，徐夤在《贡余秘色茶盏》中用春水、绿云、嫩荷、竹叶来比喻越窑青瓷百看不厌的瓷釉。皮日休在《茶瓯》中从形的角度欣赏、赞叹越窑青瓷，把越窑青瓷比作"圆似月魂堕，轻如云魄起"。北宋谢景初的《观上林坯器》，描述了热火朝天的制瓷场景，并说"里中售高价"，说明越窑青瓷在当时已是珍贵

嵇锡贵作品　刻花梅瓶《缠枝》

之物。清代乾隆帝的"李唐越器人间无",更是对越窑青瓷景仰、渴望之情的真实流露。

越窑青瓷的制作工序十分复杂,要历经十多道工序。社会地位低下的窑工,受教育的程度自然不会很高,但这些无师自通的民间艺术家,把一坯瓷泥拉成一件件匀称秀美的各种器形,还采用捏塑、镂空、拍片等成型工艺,又用刻划、模印、堆贴、彩绘等多种装饰手法,把绚烂的世界浓缩在他们信手制作的瓷制品中,制作出了精美绝伦的越窑瓷器,让后人叹为观止。

越窑青瓷的功用几乎涵盖了当时生活的方方面面,单是从饮食器具而言,就包括食具、酒具、茶具,如再从酒具细分,又有贮酒器、盛酒器、饮酒器之别。盛唐时,酒、茶并行于世。"花间一壶酒,独酌无相亲","举杯邀明月,对饮成三人","蜀纸麝煤沾笔兴,越瓯犀液发茶香",文人在字里行间自然而然地流露出对酒、茶的喜爱。陆羽在《茶经》中更是把越窑青瓷评为天下第一。在当时的食具、酒具、茶具中,越窑青瓷占了很大比例。将莹润清澈、精致美丽的越窑青瓷用作饮食器具,真可谓是美食美器,文人雅士用其喝茶、饮酒,又是何等的风雅。

越窑青瓷除了用作日常生活外,还是一种重要的随葬物品。古时生活的艰辛,平民百姓总寄希望于死后的世界能享受到生时不曾有的安逸生活。故不仅王公贵族重视厚葬,普通百姓纵然生时家境贫寒，死后也要财力尽于坟土。不仅重视墓地的选择，注重丧服制度与居丧生活，更重视墓穴中的随葬物品。由于陶瓷器制作成本相对低廉且不易腐烂，故在明器中占有很大比例。尤其是三国西晋时期，厚葬风极盛，除了碗、钵、罂、罐、烛台等日常生活用器外，还有灶、火盆、镳斗、家具农什、禽舍畜圈等模仿日常生活的专门用作随葬的越窑青瓷，起陪伴死者、安慰生者的作用，在丧葬文化中起了重大作用。

佛教传入中国后，迅速与儒、道等本土文化合流。东晋时上浦大善村建有上乘寺，南朝谢灵运一生常与佛徒发生因缘，史载其精研佛学。"南朝四百八十寺"，并不单纯是艺术夸张，而是佛教已普及江南民间的真实写照。越窑青瓷在这样的氛围中，也烙上了佛教文化的印记。五管瓶、堆塑罐等器物直接与佛教有关，在六朝的碗、钵、洗、尊等越窑青瓷器物上还贴有佛像，东晋晚期南朝时，作为佛教象征的莲花被广泛装饰于越窑青瓷器上。

越地民俗以鸟为图腾。郦道元在《水经注》中说，禹葬会稽，有鸟来，为之耕，春拔草根，秋啄其秽，是以县官禁民不得妄害此鸟，犯则刑无赦。宋嘉秦《会稽志》载："越王入国，有丹鸟夹王而飞，故勾践起望鸟台，以纪其瑞。"越窑青瓷器上有许多以鸟做装饰的器物，与越地的鸟图腾有关。

越窑青瓷不但行销国内，还大量销往海外各国。日本、朝鲜、斯里兰卡、印度、菲律宾、马来西亚、印度尼西亚、巴基斯坦、阿曼、伊拉克、埃及等许多亚非国家都曾出土过越窑青瓷。越窑青瓷不仅推动了海外贸易的发展，更丰富了海外人们的物质文化生活。日本学者三上次男据此写成了《陶瓷之路》，使人们认识了这条海上的陶瓷贸易之路。越窑的制瓷技术也传播到了海外，高丽瓷器就是直接从越窑青瓷继承演变而来的。越窑青瓷也受到异域文化的影响，印度的佛教，西域的音乐、舞蹈、服饰等也植根于越窑青瓷上。不同的文化、不同的文明相互交融，使得越窑青瓷这朵神奇之花开得更艳丽、更奇特。

（二）越窑青瓷与诗词歌赋文化

越窑青瓷产生于东汉，而赋则是汉代最成熟的艺术；越窑青瓷至唐中期兴盛，诗在唐代则达到了不复再现的高峰。越窑青瓷与文学这两种不同的艺术之间似乎有着某种发展的默契。

瓷器在中国古代价格相对低廉，用途却十分广泛，故在社会各阶层中普遍使用，在诗词歌赋中也多有述及，但诗词歌赋讲究简练，惜字如金，因此很多作品中都只是笼统地提及瓷器，并未指明是越窑青瓷。汉代邹阳曾在《酒赋》中提到绿瓷，未明确指出是哪个窑口的瓷器，只是说明这种瓷器的颜色是绿色的。晋杜毓《荈赋》中说："器择陶拣，出自东瓯。"陆羽释曰："瓯，越也。"东越指的就是盛产越窑青瓷的宁绍平原一带。

到了唐代，历史揭开了中国古代最为灿烂夺目的篇章，诗歌在唐代发展到极致，不但诗人多、作品多，诗的艺术成就也最高。真可谓是前无古人，后无来者，清乾隆帝时编的《全唐诗》是集其大成者。瓷业生产发展到唐代，南方青瓷一统天下的局面发生了改变，北方的白瓷与南方的青瓷争奇斗艳。在庞大的诗歌王国中，提到瓷器的诗作不在少数。

杜甫的《进艇》中有"茗饮蔗浆携所有，瓷罂无谢玉为缸"，《茅堂检校收稻》中有"无劳映渠碗，自有色如银"，《又于韦处乞大邑瓷碗》中有"大邑烧瓷轻且坚，扣如哀玉锦成传"，李颀的《赠张旭》中有"荷叶裹江鱼，白瓯贮香粳"，戴叔伦的《南野》中有"茶烹松火红，酒吸荷杯绿"，齐已的《逢乡友》中有"竹影斜青藓，茶香在白瓯"。在诗中就可感受到各地瓷业的兴盛。

在各类诗歌中明确提及越窑青瓷的，也有一定的数量。越窑青瓷多是作为其中的场景、配角出现，仿佛影视剧中演员手中的酒杯、桌上的茶具一样。如孟郊的《凭周况先辈于朝贤乞茶》中的"蒙茗玉花尽，越瓯荷叶空"，施肩吾的《蜀茗词》中的"越碗初盛蜀茗新，薄烟轻处搅来匀"，许浑的《夏日戏题郭别驾东堂》中的"散香蕲簟滑，沉水越瓶寒"等。

唐诗中也有一些专门吟咏越窑青瓷的诗，如皮日休的《茶瓯》，说的是唐代最为著名的两种瓷器：越瓷与邢瓷。最为著名的当数陆

酒器

龟蒙的《秘色越器》，全诗皆是歌咏越窑青瓷，而且也是所有文献资料中最早记载越窑一名的。徐夤的《贡余秘色茶盏》，更是用自然界的青与绿，反复歌咏越窑青瓷那令人着迷的瓷釉。

这些诗作均透露出当时的许多历史信息。看到最多的当数瓯，瓯在当时是一种茶具，陆龟蒙的《奉和袭美茶具十咏·茶瓯》、郑谷的《送吏部曹郎中免官南归》等诗中都明白无误地说明瓯是茶具。从方千的《李户曹小妓天得善击越器以成曲章》，再结合温庭筠的《郭处士击瓯歌》、张曙的《击瓯楼赋》，我们知道瓯还是一种乐器。《东府杂录》中有载："以邢瓯、越瓯共十二只，旋加减水于其中，以箸击之。咸通中，有吴蟀洞晓音律，亦为鼓吹署丞，充调音律官，善于击瓯。击瓯盖出于缶。"缶原是一种盛水、盛酒的器具，后演变成乐器，在2008年北京奥运会开幕式上就有庞大的击缶场面。原始瓷器中的扁钟、甬钟、镎于、钩镯等也是乐器。

从唐诗中我们也可以看到，喝茶的不仅仅只有瓯，碗也可以用来喝茶。施肩吾的《蜀茗词》中有"越碗初盛蜀茗新"。从许浑的《晨起》中有"越瓶秋水澄"，这个瓶是一种盛水器具。

北宋谢景初的《观上林垍器》，形象生动地展示了他亲眼所见的越窑瓷器生产过程，真实记录了北宋越窑的生产状况和当时越窑青瓷的影响力，具有重要的史料价值。谢景初在北宋庆历年间（1041—1048年）曾任余姚县令，他到上林湖窑场后写下了这首诗。

乾隆帝的"李唐越器人间无，赵宋官窑辰星看"，一代盛世帝王的喟叹给越窑青瓷蒙上了一层神秘、珍奇、高贵的面纱。

（三）越窑青瓷中的丧葬文化

《礼记·檀弓下》曰："其曰明器，神明之也。涂车刍灵，自古有之，明器之道也。"从新石器时代开始，明器在历代墓葬中均有发现。在商代，奴隶主、贵族死后，除了活人殉葬外，还往往用许多具有实用价值的器物来陪葬，叫"祭器"。到宋代，纸明器开始流行，时人称这种烧给死者使用的纸制器物为"明器"，传统的以陶、瓷、木、石、玉等制成的明器在墓葬中逐渐减少。

从商周原始瓷器的出现，直到北宋中晚期越窑的衰落，原始瓷器与越窑青瓷在墓葬中一直扮演着最为重要的陪葬品角色。

从上虞几次大型的考古发掘中，可以看出越窑青瓷在陪葬品中所占的比重与作用。在曹娥街道严村凤凰山古墓葬发掘中，17座东汉末年墓葬中出土186件器物，陶瓷器占159件。

墓葬中的陪葬品

8座西晋早期墓中出土器物62件，其中越窑青瓷为55件。东晋早期至中晚期墓葬4座，出土器物13件，其中越窑青瓷为11件。南朝中晚期墓葬10座，出土的15件器物都为越窑青瓷。唐代早期墓葬11座，出土器物21件，其中越窑青瓷为7件。唐代中期墓葬25座，出土器物58件，其中越窑青瓷为39件。唐末至北宋墓葬36座，出土器物62件，其中越窑瓷器为49件。

在驿亭镇谢家岸后头山古墓葬发掘中，27座东汉墓中以各类陶瓷器为主。1座三国墓葬中，残存的4件器物都是越窑青瓷。7座西晋墓中，残存15件器物，其中越窑青瓷为13件。9座东晋墓中，残存器物19件，其中越窑青瓷为17件。10座南朝墓中，残存器物34件，其中越窑青瓷为28件。

在小越羊山、驮山，驿亭周家山、牛头山的古墓葬发掘中，汉六朝至唐宋时期墓内出土的随葬器物也多以越窑青瓷为主。在上虞其他地方的零星考古发掘中，也可清楚看出越窑青瓷在陪葬品中的比重。1976年10月，上虞文化馆清理的道墟龙王堂西晋元康七年砖砌墓室中，出土随葬器物11件，其中越窑青瓷为10件。1989年9月，上虞文管所清理的蒿坝西晋砖砌墓室中，出土随葬器物5件，其中越窑青瓷为4件。

东汉中晚期，自成熟瓷器产生，直到北宋，越窑趋于衰亡，越窑青瓷在墓内随葬器物中，一直扮演着最为重要的角色。越窑青瓷在丧葬文化中所起的作用，一方面说明越窑青瓷在当时社会生活中已十分普及，墓内随葬物品是对当时现实生活状况最真实的折射，另一方面也说明越窑青瓷比其他材质的器皿更具实用性。在江苏、安徽等地的汉六朝墓葬中出土的也多为越窑青瓷，这也说明越窑青瓷比同时期的瓯窑、婺州窑等生产的瓷器要更具影响力与竞争力。

墓内随葬的越窑瓷器，可以分为两大类：一类是日常生活用器，即墓内随葬的这类器物与当时现实生活中所使用的器物是一样的。这类器物是随葬物品中的主流。当时现实生活中使用的越窑青瓷器，在墓内几乎都可见到。还有一类是仿照当时实物而制成的专门用于丧葬的各类模型。如仿照当时做饭烧菜用的灶而制成的灶模型，仿照禽舍畜圈制成的猪圈、鸡舍、狗圈模型，仿照当时的家什农具制成的畚箕、砻、米筛、扫帚模型。五管瓶、堆塑罐、火盆、镟斗、水井等也都属此类。鸡首壶是一种盛酒器具，它是一种日用品，但其中有一类鸡首作闭口、实心，即鸡首与器腹不通，壶内的酒无法通过鸡首倾倒，很显然，这类鸡首壶就是明器。

猪圈、镰斗这类专用明器，主要存在于汉代与三国西晋时期。这与当时社会上盛行厚葬有关。《后汉书》卷二《明帝纪》中记载："百姓送终之制，竞为奢靡。生者无儋石之储，而财力尽于坟土。伏腊无糟糠，而牲牢兼于一奠。"也正是这种厚葬风的盛行，刺激了越窑青瓷的生产与需求，出现了三国西晋时期越窑发展史上的第一个高潮期。

（四）越窑青瓷中的佛教文化

会稽、上虞一带佛教传入较早，这不仅有文献记载佐证，作为早期越窑的主产地，越窑青瓷上也深深铭有佛教文化的印记。

三国西晋时，佛像常常作为装饰贴于碗、钵、罂、尊等越窑青瓷的肩腹部。在上虞的朱家山窑址、老鼠山窑址、尼姑婆山窑址、凤凰山窑址，都发现了饰有佛像的器物残片。凤凰山、尼姑婆山位于上浦镇大善村，窑址所处时代为三国西晋时期，在其稍后的东晋时，此地即建有上虞最早的寺院上乘寺，这二者之间的关系并非偶然。

三国西晋的越窑青瓷中，还有一种堆塑罐，有的罐身上也贴饰有佛像。曹娥街道严村、丁宅乡缸窑村、小越镇的孔家岙、驿亭镇的前岙等地都曾出土过这种器物。有学者认为这是一种佛教的建筑模型。三国晚期堆塑罐的颈部出现了单面多层的殿宇模型。顶作庑殿式，柱子常作熊形、狮形或鸽形等，在两旁塑有庑殿顶的阙各一座，有学者据此认为是古印度早期寺庙建筑石窟寺的真实写照。三国晚期西晋时期，堆塑罐的广口上大多增加了一个塑有建筑群的方形盖。曹娥严村出土的一件西晋堆塑罐，顶部中央是大殿，四周是相连的房屋，建筑精致而繁复。在罐沿上塑拱手跪姿的胡俑、门阙等。罐身上贴附蟾蜍头、铺首、骑兽俑、舞蹈俑。据文献记载，古印度在行像礼佛之日，"境内道俗皆集，作倡伎乐，华香供养"。把堆塑罐看作佛寺建筑，拱手跪拜的胡俑是对佛的虔诚，也不无道理。

据李刚先生研究，这种堆塑罐的原型可上溯到东汉的窣堵波与五管瓶。窣堵波为梵音stupa的音译，意为"方坟"、"圆冢"、"灵庙"等。它最初为半圆形的坟墓，公元前3世纪，演变为覆钵式的塔，其主体由覆钵形的塔身和圆柱形的塔刹组成，这种建筑用于安置舍利、经文、法物及掩埋僧人遗体。1991年9月，上虞文物管理所对

人物俑

上浦凌湖村鞍山西麓的一座东汉墓进行发掘，出土了耳杯、鼎、水井、碗、釜、托盘、五联罐、虎子、洗、锤、灶、窣堵波等28件器物。该墓出土的窣堵波下部为覆钵形，上安下粗上细的实心圆柱，圆柱与覆钵体连接处对称地饰有三只坐熊，柱上塑有数只鸽子，柱顶的一只造型最大。熊与鸽子，都与佛教故事有关。这也从另一方面说明窣堵波与佛教有关。这类器物在上虞出土的数量并不多，流行的时间也较短，东汉以后几乎绝迹。

在上虞的东汉墓葬中，还出土较多的五管瓶。东汉时期的五管瓶较矮，基本造型为在扁圆形的罐身上部中央粘接一个罍形管，与管身相通，在它周围对称地贴附四个罍形或筒形管，与罐身不通，表面施釉。常划有弦纹、水波纹。东汉晚期，五管瓶逐渐变高，器身通常呈葫芦形，上部有五个罍形管，有时口部做成细管状。产品有青釉、褐釉、黑釉，常堆塑坐熊、鸽子、胡人、鸵鸟、蛇等。造型丰富，姿态万千。有学者称其为塔式罐，是一种塔的模型。

三国两晋南北朝时期，是佛教日后融入中国传统文化的关键时期，佛教最初依附玄学，后逐渐成为社会思想主流，成就了南方佛教重义理尚玄学的传统。此时佛教在江南的传播备受王室礼遇，帝王崇佛一浪高过一浪，特别是南朝梁武帝作为帝王佞佛的极例，更将崇佛推向高潮，佛教借帝王之力得到迅速推广。译经写经、建寺造塔、开窟凿像层出不穷。"南朝四百八十寺，多少楼台烟雨中"，这是当时佛教兴盛的真实写照。

越窑青瓷在东晋晚期到南朝，在碗、盘、钵、罂、唾壶、鸡首壶等器身上，普遍划饰莲瓣纹。莲瓣纹代表佛教艺术。在越窑青瓷上，佛教艺术已从具象发展到抽象。

唐代佛教适逢盛世，空前繁荣。塔作为佛教的象征，修塔、建塔之风遍及全国各地。浙江唐代佛教遗迹保存最多的是经幢。据统计浙江现存经幢近三十座，数量位居全国之首。吴越国时，诸王皆信佛法，倡导佛教，杭州其时号称"东南佛国"，著名的雷峰塔、净慈寺、保俶塔、六和塔都是吴越王钱（弘）俶时所建。

塔的地宫中，往往埋藏有各类礼佛的供品。在宋代及之前的各类塔中，供品中往往有越窑青瓷。最为著名的是1987年陕西扶风法门寺塔基唐代地宫出土的14件越窑青瓷器。其中13件在衣物帐石碑中记载为秘色瓷。一件八棱瓶，也有人称之为净水瓶，虽不在衣物帐内，但与越窑青瓷的釉色、造型相一致，应属越窑青瓷。这是一种供奉在佛像前的盛水器具，便于信众洒水净手之用，以象征对佛的虔诚。

在上虞上浦镇昆仑村曾出土一件五代时期的双虎枕，枕面刻划摩羯纹。摩羯是印度神话中的河水之精、生命之本，形象是龙头鱼身。摩羯纹是通过佛教经典、工艺品等传入中国。它与莲花纹一样，显然是佛教文化兴盛的产物。

（五）越窑青瓷器中的食具文化

品种繁多的各类食材，需要与之匹配的食具。古代钱用铜铸，铜即是钱，铜器是珍贵之物，非寻常百姓所能使用得起。铜器作食具，也不利人体健康。苏轼在《格物粗谈》中云："铜器盖肉汁，气回滴入，有毒。"青瓷器耐酸碱，不易腐蚀，器表有一层釉，不易沾染污垢，也容易清洗，至今仍是一种理想的食具。在千年的越窑烧造史上，越窑青瓷在饮食用具中扮演着十分重要的角色。

越窑青瓷器中，常见的食具有碗、罐、盘、碟、钵、魁等。碗又是其中最为常见的器物。在上虞众多的越窑窑址中，几乎都可以采集到碗的标本。在已发掘过的大园坪东汉窑址、尼姑婆山三国西晋窑址中，碗的数量是最大的。碗形体较小，制作简单，比其他产品次品率低。在窑址中尚有数量庞大的残次品，可以想见当时产量之巨。在各时代墓葬中，碗的出土量也是最多的。碗不但可以用作饮茶、喝酒、喝药、盛饭菜，还可以盛放其他食物，是用途最广泛、使用率最高的一种食具。

到东晋时，碗、碟等都已大小配套，不同尺寸的碗达10种以上，碟也有5种左右，饮食器皿已相当齐备。碗的造型从三国到南朝，不断向高的方向发展。早期的碗口大底小，造型矮胖，以后碗壁逐渐增高，底部放大。到南朝，几乎与现代碗形相同。到唐、五代，碗样式丰富，有撇口碗、翻口碗、玉璧底碗等。

从窑址和墓葬出土情况看，罐是仅次于碗的第二大常见食具。罐可以贮存各类食物，也可盛水。在大园坪等窑址中，还曾出土过一种双唇罐，也叫泡菜坛。其设计十分科学，在双唇间灌满水，上面再覆以盖，把空气与坛内的食物隔开，有利于实物的保存。罐的器体，从三国至南朝，也是不断加高，上腹收小，下腹和底相应地扩大，更加实用。

三国西晋时，罐、壶等容器，常以碗、碟为盖，盖和器口大小不一，不利于食物的保存。东晋开始，罐、壶常常配有器盖，盖与器口紧密，对于气候潮湿的南方，这项改进有利于干燥食品的保存。

魁，形似碗，口沿上安一短柄，是当时人们舀羹的用具。簋，形似大碗，下安高圈足，在祭祀时盛放食物用。槅，也称果盒、格盘。早期瓷槅是模仿漆槅形式。江西南昌晋墓出土的一件长方形漆槅，底书"吴氏槅"，形状与三国西晋的长方形瓷槅相同。早期的瓷槅底足平，不久底足切割成花座，既美观又便于取放。东晋以后出现圆槅，圆槅逐渐代替长方形槅。

六朝时的盘，样式基本一致，敛口，腹壁斜坦，有的内底中心一圈下凹。

魁

墓葬中出土数量较多。至唐代，盘式样丰富。常见的有翻口斜壁平底盘，撇口壁形底盘，直口弧腹矮圈足盘，委角方盘和葵瓣式盘等。委角方盘呈方形，四角弧形折进。葵瓣口盘，有的口沿呈四至五处弧形，腹壁饰内凹的直线。盘也是常见的一种盛放食物的用具。

（六）越窑青瓷中的酒具文化

越窑青瓷种类繁多，各式酒具在其中也占了相当比例。这与酒的悠久绵长的历史有关，更与浓厚的饮酒风俗有关。在绍兴民间，有喜酒、丧酒、寿酒、节酒、农酒、商酒、业酒、酬酒等，有人曾统计，各种名目的饮酒达60余种。

越窑青瓷中的酒具，可分为三类：饮酒器、盛酒器、贮酒器。

饮酒器有多种。专用的饮酒器具，在汉至东晋，以羽觞为多见，平面呈椭圆形，两侧附新月形耳，故俗称耳杯。王羲之《兰亭集序》中的"引以为流觞曲水"中的觞，即指此种器物。东汉的瓷耳杯，仿照漆杯形式。漆杯中常用隶书书有"君幸酒"、"君宜酒"，东汉时的绛褐色耳杯，在内底也常常书有隶书字迹，多数模糊不清，底为椭圆形的假圈足。三国西晋时的耳杯腹浅低小，平底。东晋时耳杯两端微向上翘。耳杯有时与托盘共存。东汉时的托盘很大，所托耳杯数量多，托盘多为绛褐釉，盘中心镂有一圆孔，内底常常饰有弦纹与水波纹。之后托盘逐渐缩水，只放一两只耳杯。在墓葬中出土的耳杯有时与托盘粘连在一起，这是陪葬用的明器。

　　"岑夫子，丹丘生，将进酒，杯莫停"，"一曲新词酒一杯，去年天气旧亭台，夕阳西下几时回"，"三杯两盏淡酒，怎敌他、晚来风急"，从这些诗词中可以看出，杯是唐宋时期重要的饮酒器具。

　　唐代越窑曾生产一种海棠杯，平面似椭圆形，口沿下弧收至器底，圈足小而矮。它的形制源于波斯的金银器。上虞上浦镇新窑村曾出土过一只五代时的花口杯，这种杯流行于五代北宋，口沿作六瓣形，腹较深，外壁饰凹直线，圈足向外撇。与同时期的银杯造型相似。

　　盛酒器，东汉至西晋主要有酒尊和温酒尊两种，它们的造型与山西右玉县西汉墓出土的铜酒尊和铜温酒尊相同，这两种盛酒器与羽觞配套使用。在曹娥街道严村凤凰山曾出土过一件西晋越窑青瓷尊，为宽平沿微向内折，沿上划水波纹，弧腹，腹下内收，广底，呈矮饼形状，底不落地。下腹置三熊足，熊足高于器底，用以承托器身，腹部戳印两道联珠纹，压印一圈网格纹，贴饰三铺首，器形十分优美。酒从贮酒器倒入尊内，再用勺舀入饮酒器饮用。

　　东晋开始，用于注酒的鸡首壶流行于各地，九尊与温九尊便消失了。鸡首壶最早出现在三国末年。早期的鸡首

斟酒具

壶是在罂的肩部,一面贴鸡头,对称的另一面贴鸡尾,鸡头是实心的。到东晋时,壶身变高变大,鸡首引颈高冠,嘴多数为圆形,少数呈写实的尖状,除了用作明器外,日用的鸡首壶嘴都与器腹相通。与鸡头对称的一侧安圆股形把手,上端粘在器口,下端贴于上腹。到东晋中晚期在把手的上端饰龙头。南朝时,器身更为修长,有的还在腹部刻划莲瓣纹。鸡首壶一直流行到隋与唐早期。

唐代李匡义的《资暇集》中有载:"元和初,酌酒犹用尊杓……居无何,稍用注子,其形若罂,而盖觜柄皆具。"注子从唐代中期以后开始流行,可能是由鸡首壶演变而来。早期的注子为喇叭形口,短嘴,嘴外壁削成六角形,腹部硕大,弯曲的宽扁形把手,壶的重心在下部。以后颈部加高,腹作椭圆形,饰内凹直线,嘴延长,孔加大。北宋时的注子,有的腹部饰凸棱,肩部装双耳。后期的执壶由于嘴延长,注酒更为方便。

贮酒器,东汉时以瓿、锺等器物为主。上虞博物馆馆藏一件东汉时的青瓷瓿,平唇短直口,丰肩,弧腹,平底微内凹,器身外壁拍印几何纹。该器形体较大,适宜贮酒。在大园坪、小仙坛等东汉窑址中,锺是一种烧造数量较大的器物。锺,平唇,颈部粗而长,腹部扁圆,腹上部常置对称叶脉纹耳,高圈足外撇,有的圈足上饰脊,有的还镂有圆孔,捏塑爬虫。锺形体高,适于贮酒、倒酒。

东汉时还有一种贮酒器——罂。三国以后,锺被形体较大的罂所取代。罍既可贮酒，也可做盛水器具。在各地窑址、墓葬中，罍是一种常见的出土器物。罍俗称盘口壶，五代北宋时罍在越窑生产中逐渐淡出。王充在《论衡》中有"酿酒于罍"的记述，由此可知，罍还用作酿酒。

（七）越窑青瓷中的茶具文化

很多与越窑青瓷有关的诗词歌赋中不少与茶具有关。

唐代茶圣陆羽在《茶经》中曾对茶具的选择与优劣进行点评："碗，越州上，鼎州次，婺州次，岳州次，寿州、洪州次。"其中，越州为上有诸多理由："或以邢州处越州上，殊为不然。若邢瓷类银，越瓷类玉，邢不如越一也；若邢瓷类雪，则越瓷类冰，邢不如越二也；邢瓷白而茶色丹，越瓷青而茶色绿，邢不如越三也。"陆羽继而又写道："晋杜毓《荈赋》所谓器择陶拣，出自东瓯。瓯，越也。瓯，越州上口唇不卷，底卷而浅，受半升以下。越州瓷、岳瓷皆青，青则

茶具上的诗词拓片

益茶，茶作白红之色；邢州瓷白，茶色红；寿州瓷黄，茶色紫；洪州瓷褐，茶色黑，悉不宜茶。"陆羽还在《茶经》中列出28件饮茶器具，包括碗、风炉、竹夹、水方等。

　　从唐诗和陆羽的《茶经》中可以看出，碗是当时最为常见的茶具。越窑青瓷的茶碗因是青绿之色，与茶水之色相似，具有"益茶"的效果，所以被陆羽评为茶具中第一等。初唐时的茶碗为盅形，直口深腹，圆饼足；中晚唐时流行玉璧底碗（即瓯）和圈足碗。

　　唐代除了煮茶，还有点茶。先将茶末放入瓯中，用沸水注入茶瓯，将茶末调成稠膏，再向茶瓯注入沸水。

　　1979年，在上虞上浦闸曾出土一件五代时的莲瓣纹茶托。该茶托形似一朵盛开的荷花。托座为直口，外壁刻莲瓣，座内划莲子，托沿呈六瓣花口，高圈足外撇。茶托是为防烫手而承托茶具的一种辅助性器具，南朝时就已生产，茶托所托的器具是茶碗或茶盏，腹较深，有的饰莲瓣纹，有的饰萱草纹。《资

莲瓣纹茶托

暇集》中记载："茶托子，始建中蜀相崔宁之女。以茶杯无衬，病其熨指，取碟子承之，既啜而杯倾，乃以蜡环碟子之央，其杯遂定。即命匠以漆环代蜡，进于蜀相，蜀相奇之，为制名而话于宾亲。人人为便，用于代。是后传者更环其底，愈新其制，以至百状焉。"明清时的茶托则要简单得多，花口形的托沿，内底凹下，小饼形足，茶碗则多为盖碗。这种茶托是五代时的简化版。

到了宋代，斗茶风兴盛，饮茶崇尚建窑的黑釉茶盏。宋祝穆的《方舆胜览》载："斗茶之法，以水痕先退者为负，耐久者为胜。""茶色白，入黑盏，其痕易验。"建窑黑盏与斗茶形成的"雪白汤花"对比鲜明，富有美感。越窑青瓷清澈的青绿釉在斗茶中已英雄无用武之地了。苏轼的"忽惊午盏兔毫斑，打作春翁鹅儿酒"，蔡襄的"兔毫紫瓯新，蟹眼清泉煮；雪冰做成花，云间未垂缕"，那时已很少再能看到吟咏越窑青瓷的诗作了。

[贰]艺术特征

（一）基本特征

越窑青瓷因其坯体表面施以青色釉得名，以瓷质细腻、线条明快流畅、造型端庄浑朴、色泽青翠晶莹等特点闻名于世，在两千多年的发展中，形成了以下几个基本特征：

1.历史悠久

考古发现表明，中国最早的瓷器是青瓷，而最早烧造青瓷产品的窑场就是越窑。越窑不仅历史最为悠久,而且规模最大,烧造时间也最长。窑场主要分布在绍兴和宁波地区,因此,可以说浙江是中国青瓷的发源地。早在两千多年前,该地区就有龙窑数百座,烧出的产品有釉陶和印纹陶,这便是"越瓷"前身。

越窑瓷器表面细腻光滑,滋润似玉,呈半透明色,极富美感。因此,六朝时期有"陶瓷时代"的美誉。东汉后期,烧制青瓷的技术已基本成熟,在迅速发展和工艺长进的基础上,经三国两晋南北朝,青瓷的烧制技术得到进一步发展,制瓷业的地域由南向北,几乎遍及全国。越窑青瓷呈现出丰富多彩、欣欣向荣的局面。

到了唐代,各个艺术门类都得到了高度的发展。越窑青瓷在唐代辉煌璀璨文化的影响下,又有了突出的成就,唐代的秘色瓷是越窑的代表作品。隋唐五代的越窑可以说是一个大发展的时期,窑场扩大、作坊激增。仅上虞就有28处。官府设立贡窑,其产品地位空前提高,大大促进了生产工艺和技术水平,并跻身于社会上层的生活领域。而越窑产品与金银、玉器、丝绸等珍品并列,使越窑成为全国六大青瓷名窑之首。

2.传承完整

越窑青瓷窑场大部分分布在宁绍大地的低山丘陵中,烧造时间长,分布范围广,但其胎、釉的烧造工艺基本是一致的。瓷胎主要是采用当地富含氧化硅、氧化铝等成分的瓷土、瓷石为原料,釉主要是用草木灰、瓷泥等原料配制的石灰釉，窑炉结构都是采用建在斜坡上的龙窑，龙窑的基本构造、烧成原理也是基本一致的。

据考古调查资料表明，唐至北宋时期，慈溪的上林湖、白洋湖、里杜湖、古银锭湖窑址的产品面貌特征和装烧工艺等方面完全相同，属于同一瓷窑系统。

3.地域特色鲜明

三国西晋时出土的佛寺罐，不少铭有"会稽出始宁，用此丧葬，宜子孙，作吏高迁，众无极"的字样。据《后汉书》记载，汉末分上虞南乡立始宁县。浙江平阳敖江出土的佛寺罐上则铭有"元康六年八月二日会稽上虞"的字样。佛寺罐的主要产地在上虞一带。江苏金坛出土的虎子、江苏南京出土的扁壶、浙江绍兴出土的执壶也都铭有"上虞作（造）"的字样。这些具有广告色彩的上虞越窑青瓷表明了其鲜明的地域特色。

东汉、三国至南朝时期，曹娥江中游地区出现了瓷业生产的高峰，成为先越窑的生产中心。上林湖地区的同类瓷业遗存仅19处，明显受到曹娥江中游地区的影响，成为先越窑的地方类型窑址。经过隋唐初、中期的发展，到唐至北宋前期，以上林湖为中心，及其周围的白洋湖、里杜湖和古银锭湖等地的瓷业生产蓬勃发展，蔚为壮观，达到鼎盛状态，成为越窑青瓷的中心产区。台州的临海许墅和黄岩沙埠、金华的武义、东阳和温州的西山等地，也出现了与越窑相类似的地方类型窑址,成为越窑系的重要组成部分。至北宋后期,窑址数量锐减,制瓷工艺衰退,产品粗糙,瓷业生产江河日下,出现大衰败。南宋初期,由于朝廷下令余姚烧造宫廷用瓷,濒临消亡的瓷业生产得到暂时的繁荣,但好景不长,至南宋中期停烧。

4.种类丰富

越窑青瓷在当时的日常生活中占据了相当重要的地位,种类从饮食器、贮存器、卫生器、寝具、照明具到文具、陈设品、乐器、祭器、玩具等。其中,陈设品有瓶、盘、洗、罂、鸟玩等;生产用具有米筛、畚箕、砻等;乐器有哨子等;祭器与陪葬品有簋、榻、猪、狗、牛、鸡、鸡笼、狗圈、猪圈、男女俑等;明器有熏炉、香熏、鸡舍等;还有玩具等应有尽有,功用多样。而且装饰题材广泛,有鸳鸯戏荷、双蝶相向、龟伏荷叶、双凤衔枝、鹦鹉对鸣、鹤翔云间、鸟栖花丛等图案。

(二)越窑青瓷的艺术特征

越窑以古代浙江越州地区为中心,是中国古代南方青瓷瓷窑,所烧青瓷代表了当时青瓷的最高水平。始烧于东汉末年,停烧于南宋。广义而言,它概括一个较长的历史时期和广阔的地区,自东汉,经三国、两晋、南北朝、隋唐、五代一直到宋,延续千余年,规模不断扩大,制瓷技术不断提高,各时期瓷器工艺美术各有特色。

1.汉代承传原始瓷技艺,以仿制为风格

东汉是越窑青瓷的发轫期,是成熟青瓷的开端。越窑青瓷的成功烧制是浙江地区原始瓷的工艺发展和技术积累的必然结果。这一时期的青瓷产品在成型、烧制工艺上与原始瓷一脉相承，尚未形成自己独特的艺术风格，其器形、装饰上多有仿铜器和漆器。釉层已较为丰厚均匀，

东汉·越窑青瓷四耳罐

光泽晶莹，釉色以淡青色为主，浅雅明亮，玻化良好但釉不及底。瓷胎较白，呈淡灰色，胎质细腻致密，釉胎结合良好。烧制上多用三足支钉叠烧，故盘、碗内底留有三足支钉痕。

三国时期，由于东吴江南相对安定，农业生产有了很大提高，厚葬与奢侈成风。该时期的越窑青瓷器物多呈扁矮肥壮、浑圆丰满，容器的口径较小，多扁鼓腹，平底内凹。胎质则坚致细密，胎骨多为淡灰色，釉层均匀，釉汁洁净。早期纹饰简朴，纹样有水波纹、弦纹、叶脉纹。晚期装饰趋向繁复，出现斜方格纹，还出现了堆塑方法。

2.两晋至南北朝制瓷，装饰精致繁复

西晋时期由于工艺改进，采用明火叠烧，使器物体态丰满，胎质厚重。胎色较深，呈灰色或深灰色，釉层厚而均匀，普遍呈青灰色，装饰精致繁复。西晋是越窑青瓷的第一个发展高峰，常见的装饰是在器物的口沿和肩腹部划弦纹或压印斜方格网纹、联珠纹、忍

冬纹和鸟兽纹等。西晋晚期出现褐色点彩，应用十分广泛。西晋时则用锯齿口的盂形垫具叠烧，故盘、碗内底留有一圈锯齿痕。东晋仍沿用此法，但已出现坯件之间只放几颗圆形泥珠（托珠）垫隔，器物内底留有圆形泥珠痕迹。

东晋时越窑渐趋停滞。器物种类减少，主要是日用品，如烛台、灯、盆、钵、盘碗、壶、砚等。各种堆塑罐和其他小明器不再生产。但由于当时人们喜欢喝茶，因此，鸡头壶较为流行。壶、罐等器物的造型趋于规范化、定型化，动物形象大大减少，且多消瘦呆板。装饰简练，纹样以弦纹为主。

南朝时期越窑一直在走下坡路，是出土青瓷数量最少，品种最缺的时期。该时期的越窑青瓷器形规范，式样固定，风格趋于修长消瘦。主要装饰依然流行褐色点彩，但褐点缩小，呈小圆珠形，排列细密，与东晋时有别。东晋晚期出现的莲瓣纹，盛行于南朝。故南朝时期的越窑以刻划莲瓣纹或荷花纹为主，花瓣多用3~5条划线组成，它们成为越窑青瓷的主要纹饰，且沿用至唐初，折射出当时佛教在中国的发展。

3.唐至五代技术革新，技艺达到顶峰

唐朝是我国最为繁荣、昌盛的历史时期，瓷业生产出现遍地开花、相互争艳的局面，形成了南青北白的瓷业格局。而慈溪上林湖地区是越窑的中心产区，成为当时南方青瓷中心的杰出代表。进入中唐以后，制瓷技术进一步改进，大量使用匣钵装烧，瓷器质量显著提高，窑址数量剧增，慈溪以及上虞、镇海、鄞州等地相继设立窑场，规模宏大，窑场林立。

唐·越窑青瓷粉盒

　　该时期越窑青瓷的器物品种、造型设计、装饰艺术、烧制技艺、美学价值均达到了巅峰。在初唐时越窑青瓷胎质灰白而松，釉色呈青黄色。到了晚唐时期发展为胎质细腻致密，胎骨精细而轻盈，釉质腴润匀净如玉，釉色纯净，光泽，滋润，如冰似玉，隐露精光。

　　五代时期，中原地区政权更迭频繁，征战不绝，而江浙一带的吴越国偏安于一隅，较少受战争的蹂躏，越窑的瓷业生产继续发展。当时统治浙江地区的吴越国，以"保境安民"为国策，"贡献盈路"，大量瓷器为统治者所用，并上贡中原王朝，从而促进了越窑窑厂更大规模的设立和产品质量的提高，越窑的产品质量独步天下。这一时期的瓷器，形式多样，大多刻工精细，并与青葱滋润的釉色相映成趣，相得益彰。

　　4.两宋工艺偶见精湛，短暂繁荣

　　到了北宋中期，制瓷工艺渐趋衰退，产品质量明显下降，但仍偶见工艺精湛的产品。至北宋晚期，器物大多采用明火装烧，制作粗糙，刻划花纹简单草率，釉色灰暗，缺乏光泽，品种趋于单调，瓷业生产已完全衰落。

南宋初虽曾因奉命烧造宫廷生活用瓷和祭祀用瓷，促使上林湖寺龙口、低岭头、开刀山一带瓷业生产再度兴旺，出现了一个新的短暂繁荣时期，但终究颓势难挽，不久即停烧。一代名窑，独领风骚二百年的辉煌就这样烟消云散了。

[叁]审美价值

中国是举世闻名的"瓷器之国"，在漫长的陶瓷发展历史长河中，越窑青瓷是一颗璀璨夺目的明珠。越窑是我国古代历史最悠久、影响最广泛的瓷窑体系之一，是人类制瓷技术全面成熟的标志，是汉六朝时期中国南北瓷业的领军窑口，居唐代六大名窑魁首，制瓷技艺影响全国各地乃至海外。越窑烧制的秘色瓷，素有"姿如圭璧"、"圆似月魂堕，轻如云魄起"、"色如烟岚"、"类玉类冰"、"千峰翠色"、"捩翠融青"、"嫩荷涵露"等美誉，堪称风华绝代，不仅为历代帝王所青睐推崇，亦被文人墨客所吟咏赞美。它引领了宋代以前中国瓷器尚青的审美潮流与时尚。越窑青瓷还是中国最早向海外输出的大宗贸易陶瓷。以越窑青瓷为贸易主体的海上陶瓷之路，架构起了古代东西方经济文化交流的桥梁，为世界文明的发展做出了不朽的贡献。

宁绍地区是越窑青瓷的发祥地。在越窑窑火熄灭900余年后的今天，研究越窑青瓷的美学特征，对于我们发展现代越窑青瓷具有现实的指导意义。我们将越窑青瓷的美学特征归纳为三点，即材质釉色美，器形装饰美，工艺美术美。

1.材质釉色美

越窑青瓷以材质细腻、釉色晶莹而著称于世。而秘色瓷又是越窑青瓷的美学特征所在。了解了秘色瓷也就了解了材质釉色的美。

越窑的主要分布区是古越族人居住地，东周时为越国政治中心，唐时称越州，越窑因此得名。唐代中期，余姚上林湖窑产品因质地超众被朝廷录为贡瓷，并置官监烧。此后，品质越发晶莹的越窑备受文人雅士推崇，有"类玉类冰"及"千峰翠色"等赞誉。晚唐起，越瓷中的贡品又得了一个堪称千古绝唱的称谓——秘色瓷。

在法门寺地宫未开启之前，秘色瓷在世人眼中一直是个谜。人们只能从记载中得知，它是皇家专用之物，由越窑特别烧制，从配方、制坯、上釉到烧造整个工艺都秘而不宣，其色彩只能从唐诗"九秋风露越窑开，夺得千峰翠色来"等描写中去想象。

秘色：据古籍，似应指

《百合花》局部

罕见的颜色。关于秘色瓷的质地和色泽，清代时有说是"其色似越器，而清亮过之"。从出土的典型秘色瓷看，其质地细腻，原料处理得精细，多呈灰或浅灰色；胎壁较薄，表面光滑，器形规整，施釉均匀。从釉色来说，五代早期仍以黄为主，滋润光泽，呈半透明状；但青绿的比重较晚唐有所增加。其后便以青绿为主，黄色则不多见。

文人纷纷吟赋作诗来赞美越窑。如顾况的"舒铁如金之鼎，越泥似玉之瓯"：孟郊的"蒙茗玉花尽，越瓯荷叶空"，施肩吾的"越碗初盛蜀茗新"，许浑的"越瓯秋水澄"，郑谷的"茶新换越瓯"，陆龟蒙的"九秋风露越窑开，夺得千峰翠色来"，等等，反映了越窑瓷的釉色特点：或碧玉般晶莹，或嫩荷般透翠，或层峦叠翠般悦目。所以，越瓷作为茶具风气很是盛行。陆羽在其名著《茶经》中认为"越州上"，因为它"类玉类冰"，瓷青则茶色绿。这虽是从饮茶的角度来议论，却反映了越瓷青色微浅，釉色透明又具幽美感，实属工艺与设计结合的完美佳品。唐王室墓出土的青瓷，证实青绿釉或是青黄釉都属于秘色瓷的范畴。釉色中当以青绿色及湖绿色为上，这也印证了"千峰翠色"的诗句。

2.器形装饰美

越窑青瓷的装饰技法主要有刻花、划花、印花、堆塑、褐彩、镂雕等。其中，刻花、划花最为常见，变化脉络清晰，伴随着越窑的整个发展过程。花纹有植物纹、动物纹、昆虫纹、人物纹、几何形纹等,形式多样,构图美观。上林湖越窑初创时期为唐早期,青瓷制作粗糙,釉层薄而无光泽感,但已出现刻花。

到了唐中期,刻划兼施的花纹明显增多,刻花、划花少见。花纹以荷花为主,还有荷叶纹、鱼荷纹等。荷花有二叶荷花、四叶荷花,形状各异,丰富多彩;荷叶纹也有二叶纹、四叶纹。这类荷花、荷叶纹成为当时比较流行的纹饰。它具有四个特点:其一是刻与划有机地结合在一起,使线条富有变化,具有层次感;其二是从刻划线条的交错现象来看,是先划后刻,即先在坯体上划出纹样,然后再紧挨纹样的轮廓外侧刻出一道粗线条;其三是花纹布满整个碗、盘、盆的内壁,往往在内底刻划盛开的荷花,周壁刻划荷叶;其四是在碗、盘、盆的口沿上刻四曲,成四等分,曲较浅,曲下外壁划粗棱线,此种装饰技法一直沿用到五代。

唐晚期,刻划兼施的花纹几乎不见,而盛行划花。虽然器物仍以素面为主,但划花占有一定的比例,明显比前期增多。花纹仍以荷花、荷叶纹为主,有二叶荷花、四叶荷花、荷叶、荷花飞鸟纹等。花纹各异,构图注重对称,线条挺拔健壮,自由奔放。花纹主要装饰在碗、盘的内底、盒盖面上。这些荷花纹的形状基本上保持着前期的特征,但花纹的布局,从碗内壁通体缩小到内底;荷叶由大变小,呈不规则三角形状。碗、盘口刻四曲,曲下外壁划棱线的装饰手法非常流行,曲口较前期深,演变成葵口,形似花瓣,整器像一朵盛开的荷花。

　　到了五代，器表装饰仍以素面为主。划花在继承晚唐风格的同时，又有了新的发展。出现细线花，纹样有龙纹、交枝四荷纹、交枝四花纹、缠枝纹、朵花纹、波浪纹等。刻花仍比较少见，花纹有仰覆重莲瓣、龙纹等。

　　至北宋早期，划花是最盛行的一种装饰。线条纤细、流畅、繁密，构图讲究对称，布局圆满，这些成为划花的重要特征。在装饰纹样题材中，以植物花纹最多见，动物纹亦大量出现，人物故事比较少见。植物类的花纹有四缠枝花、四交枝花、二缠枝朵花、二缠枝菊花、荷花、四叶荷花、缠枝荷花、缠枝团花等；动物纹有对鸣鹦鹉纹、鹦鹉衔枝纹、云鹤纹、双凤纹、飞鸟二缠枝朵花、飞鸟四缠枝朵花、龟伏荷叶纹、鸳鸯戏荷纹、龙纹、双蝶纹、飞雁纹；人物故事类的有人物宴乐图等。刻划花也占有一定的比例，花纹有莲瓣纹、牡丹花、开光牡丹花、龙纹、摩羯纹、双凤牡丹纹、波浪纹等。其中有许多莲瓣纹往往先用细线划好图案，然后在花瓣轮廓线外侧用斜刀刻出深浅的粗线条，使整个图案层次分明，立体感强，达到较好的艺术效果。晚期时，划花、刻划花明显减少，刻花增多，但所装饰的纹样简单、草率、呆板。虽有少量比较精细的制品，但远不及早期制品那样精致。此期的纹样有朵花、双线朵花、二缠枝朵花、四缠枝花、菊花、荷花、荷叶、莲瓣纹、牡丹花、双蝶纹、鹦鹉纹、摩羯纹、人物纹等。双线纹是新出现的纹饰，常见于碗、盘的内壁和壶、罐的外壁。

魏晋南北朝时期的青瓷造型丰富多彩。东晋的青瓷造型偏重经济实用，到了南朝，器形演变得挺拔修长、瘦削轻盈。六朝青瓷以日常用品为主流，罐、壶、碗、盂、盒、洗、水注、钵、砚、熏、炉、尊、灯、虎子、瓶、盏等是常见器形。还有的青瓷器皿取动物形象作为造型的局部或整体，优雅别致，妙趣横生，大大改变了汉代及以前陶瓷大部分都是罐、碗、壶等造型单调的局面，同时又将实用器形雕塑化，融观赏与实用为一体。

典型的代表造型有鸡首壶和青瓷虎子。鸡首壶是六朝青瓷的代表造型之一。一般为深盘口，细颈，鼓腹，平底。鸡首昂立于肩部，器柄粗壮有力，有的柄端呈龙首形。除了用作明器外，日用的鸡首壶嘴都与器腹相通。与鸡头对称的一侧安圆股形把手，上端粘在器口，下端贴于上腹。到东晋中晚期在把手的上端饰龙头，南朝时，器身更为修长，有的还在腹部刻划莲瓣纹。鸡首壶一直流行到隋与唐早期。

青瓷虎子是越窑青瓷的另一种代表造型。如出土于浙江的青瓷提梁虎子，整器呈卧虎形，"虎头上仰，口鼻张扬，虎牙外露，环眼暴珠。双耳挺竖，须毛刚劲，面有斑纹，短颈缩项"。虎身蹲伏，背按弯曲形绳纹提梁，腹部两侧刻划飞翼。虎子的历史从考古资料看，可上溯到战国和汉代，那时的青瓷虎子造型简单，未呈虎形，到六朝时期开始有所变化。它的用途有两说，即可当便溺之用，又可作盛水器。

　　六朝时期错综复杂、矛盾重重的社会意识形态和人文观念渗透到艺术的各个领域，形成了特殊格调的时代个性，表现在对瓷器造型的审美追求上，则有别于汉代的浑厚，流露出江南水乡的灵秀之气。明显地受当时当地的文化背景、经济状况、生活时尚、审美意趣的影响。从三国到南朝，其造型的演变一脉相承，从摆脱单纯的日用到追求质朴灵巧的美与实用有机结合，形体由扁矮硕圆到修长瘦削，轮廓从刻板的圆弧到富于变化的优美曲线，这些时代特征在六朝青瓷盘口壶、鸡首壶、虎子等器形的演变过程中，表现得尤为显著。

　　唐代越窑青瓷佳品中除了执壶、罂、盘、缸、洗、钵、碗、杯以外，还有灯盏、熏炉等器皿，如浙江临安出土的越窑褐彩如意云纹镂孔熏炉，全器由盖、炉、座三部分组成。盖呈头盔形，有镂孔，釉色青绿，整个炉身绘有釉上彩如意云纹，富有新意，具有很强的观赏性。炉身下设五个兽头支足，炉座的造型也颇具特色。此炉为焚香用具，体积较大且造型别致，为唐代越窑青瓷的上品。

　　（1）刻、印、划花装饰

　　越窑青瓷由于釉色的清

越窑青瓷彩绘盘《梨花双蝶》

透，比较适宜在坯体表面装饰，深浅的线条与釉色结合，含蓄而优雅。唐代越窑青瓷图案受金银器、漆器、丝绸的影响，纹样繁缛线条简练。印花多用于碗底、盘底等圆形的适合图案，多表现云龙、寿鹤和花卉。阴阳线都有，比较细腻。到了北宋时期越窑的釉层更为透明，因此图案装饰极其盛行，并取得了卓越的成就。采用刻、划等手法，根据器物的造型和用途分别饰以珍禽异兽，鱼虫以及各种花卉、人物等，题材广泛，刻划生动。

（2）彩绘装饰

两晋以后越窑青瓷釉面光洁，为彩绘提供了条件。晚唐以后，青瓷褐彩的装饰已经普及。由于烧制工艺的改进，青釉还原比较好，使青釉褐彩的色泽温润，具有极佳的装饰美感。纹样以图案装饰为主，典型的如酒罂，从盖到颈、肩、腹通体彩绘褐彩如意纹。在大型的器皿上绘制褐彩云纹，极其华丽庄重，成为越窑制瓷业的一大成就。器皿上绘制的褐彩图案，色彩雅致，在青黄滋润的釉色中，呈现极强

越窑青瓷彩绘《水仙花》

的装饰性。褐彩的装饰有褐、黄褐、绿褐三色之分。绘制的纹样笔脉清晰，运笔自如随意，因此褐彩的颜料细腻，没有太多杂质，为陶瓷釉下彩绘工艺的完善提供了有利的条件。越窑青瓷褐彩装饰经历了漫长的演变发展，无论是大气的点彩装饰，还是具象的纹样，都为青瓷产品增添了亮点，成为越窑青瓷装饰的特色。

（3）装饰手法

刻花：用刻刀在泥坯上刻出具有斜面的刻划线条，其表现力强，厚重大气。

划花：用针状刻刀在泥坯上划刻，多表现细部的线条。

印花：模具上有凹形的图案，通过压力，形成凸起的图案。

彩绘：传统越窑青瓷多为褐彩在釉下绘制，笔法随意洒脱，色彩别有韵味。

3.工艺装饰之美

越器的最大特点是制烧工艺手法一致。器物均采用陶车快速旋转拉坯成形，待半成品适度晾干后，再完成修口配足、贴系粘流、划花铭字等多项工序。整体风格造型灵巧，器壁匀称，足式平稳，浑圆柔和之气韵遍及通体。唐代诗人皮日休的诗"圆似月魂堕，轻如云魄起"，似乎是这些越器制作的参照物。越器通体施釉，釉面细润光洁，釉色青翠悦目。

越器胎质细腻，不含任何杂质，瓷土都经过精细淘洗，否则器面图案细线刻划难以达到高超的艺术水准，这也证实了唐代诗人顾况所赞美的"越泥似玉之瓯"绝非是过誉之词。

瓷器上的美术图案，刻划纹饰，是中国古代窑工的伟大创举，也是越窑青瓷美学艺术的一大特点，尤其是上林窑常见单字款越器之纹饰，式样优美，内容丰富，细线刻划如春蚕吐丝。一件小小的青瓷盘，器面叶脉精工，通体呈现荷叶一片，中心点缀乌龟，龟背作"王"，画面栩栩如生，充分表达了《史记·龟册列传》"龟千岁乃游莲叶之上"之寓意。

成双成对展翅飞翔的凤凰、鹦鹉、蝴蝶、小鸟……都会使人陶醉于诗情画意、美好祥瑞的境界之中。富贵华丽的凤凰，在上林湖窑址中经常被发现。

还有，外壁刻莲花瓣的碗，内饰莲子9颗，1颗居中，8颗环绕。碗或盘的中心饰细线双圈，自圆心划对称交叉状绶带，把内壁分隔成四组空间，每一空间饰有一组荷叶、荷花，枝叶相连，含苞欲放，无不表达莲花结籽、心心相印的美好愿望。

腹壁轧六条瓜棱线的碗，口

越窑青瓷刻花梅瓶《缠枝》（局部）

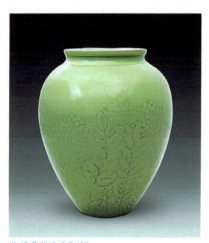

慈锡贵作品《天竹》

沿饰葵花瓣，外观颇似一朵盛开的花朵，手法简朴利落；强健的蛟龙，汹涌的波涛，一个小小的空间，却显得何等雄伟奔放，显示出无限的生命力；细线刻划的水草小鸟，绕枝团花，一幅幅构思丰富的图案，都给人以一种高雅的艺术享受，从侧面反映了上林窑的又一次艺术高峰。

通过对越窑青瓷的美学特征分析，我们可以总结出其艺术特点，对现实具有指导意义。一是装饰美要符合审美需要，二是工艺美要能引发心灵的互动，三是美学要讲究时代性。正是这些制陶工具在器物上留下的天然印痕，启迪了远古先民美化陶瓷的意识，开创了中国陶瓷艺术的先河。这也给现代陶艺工作者一些启示：若没有这美学的语言，人类的精神内容将无所寄托，无法言表。人类感情需依托艺术来表达，因此陶瓷艺术具有象征意义。对于以农为本的古人来说，大自然是生活的朋友，是艺术创作的源泉，顺从自然本性，达到天人合一。这就是越窑青瓷美学的意义所在。

[肆]乡风民俗

越窑瓷器自东汉以来已进入人们日常生活的诸多领域。在汉晋时期，茶具、酒具、餐具、文具、容器、盥水器、灯具、卫生用具和随葬明器等各类生活用品中，都有越窑瓷器的身影。越窑青瓷毋庸置疑地被打上了地域风俗的烙印。这为我们研究古越族地区汉至唐宋时期上层建筑和意识形态领域中的民俗事象提供了相应的物质依据，对于正确了解和探索古越族地区的社会面貌和古人的生活习俗都具有重要的意义。

（一）越窑瓷器与尚青风俗

提起越窑瓷器，人们自然会想到它的青翠之色，青使越窑瓷器具有了雅、洁、简的特色。这是因为青是肇自然之性，成造化之功，取自然之神韵。此外，据许多考古资料证实，古越族在东汉时期不仅成功地烧制出青瓷，同时也成功地烧制出黑釉瓷。据《我国黑瓷的起源及其影响》一文统计，已发现的汉代黑瓷窑址有宁波郭塘岙窑、鄞州东钱湖谷童窑、慈溪周家岙窑遗址、鄞州横溪镇栎斜山窑、上虞帐子山窑等。黑瓷产品种类也十分丰富，有盘口壶、锺、蒜头壶、罐、罍、五管瓶、杯、俑、虎子、俑形灯、碗、耳杯等。说明那时的黑瓷也是作为越瓷的重要产

禁山窑的青瓷罐

品而大量生产的，其中也不乏精品佳作，如鄞州丽水山西出土的国家一级文物黑釉蒜头壶，实属一件难得的艺术珍品。这表明，在越窑瓷器创烧时期，黑瓷与青瓷具有同等的地位，是共同推进越瓷发展的两个车轮。

然而，在此后千余年的越窑瓷器生产中，青瓷却得到了长足的发展，成为诗人们赞颂的似冰类玉的上佳精品，在唐五代时期宫廷用瓷和外销瓷中独占鳌头。而生产黑瓷的窑址和产品却未见发展，与汉代相比呈逐渐萎缩趋势。虽然汉以后直至唐时的各朝代中，古越族地区仍有烧黑瓷的窑址被发现、有产品出土，但数量却很少，其品种也远不及青瓷那样丰富多彩。黑釉实际上已作为越窑系统中丰富产品色、样和青瓷装饰上的一种点缀。

青瓷兴而黑瓷衰的原因何在呢？我们认为这是汉以后古越族地区的尚青风俗所致。古越族先民为何尚青而不尚黑呢？这里有生理和心理两方面的重要因素。从生理角度来看，主要取决于人们的自然审美意识。正如李刚先生在《古瓷尚青原因的管见》中所说的那样，尚青"实际上反映了视觉器官的生理本质需求，也体现了人类对美丽大自然的依恋之情"。从心理角度分析，则取决于时人趋吉求美的审美意识。青是草木的春色，是植物生命力的象征，对于极其热爱生活的古越族先民来说，青无疑是一种吉祥和美好的颜色。如天空之美者曰青天、年华之美者曰青春、季节之美者曰青阳、妇人之美者曰青娥。不少从青之字都带有吉祥和美的寓意，如日之美者曰晴、水之美者曰清、人之美者曰倩、言之美者曰请、心之美者曰情，等等。而黑色在人们心理上有黑暗低沉和消极感，黑色表示悲哀与悔悟。因此，这两点大概就是古越族先民扬青弃黑的缘由吧。

（二）越窑瓷器与敬鸟爱鸟民俗

从宁波地区出土的越瓷实物中不难看出，鸟是越窑瓷器使用频率最高、历时最长、变化最丰富的动物装饰纹样之一。它不仅涉及面广，在碗、盘、杯、盒、盖罐、壶、碟、五联罐、香熏、瓶、博山炉、堆塑罐等日常生活用品和陈设瓷中，都留有它们优美而轻盈的身姿；而且鸟纹形式多样，姿态极妍。既有展翅飞翔的鸟，又有低首觅食的鸟，还有伏地栖息的鸟；既有玲珑剔透的小鸟，又有姿态优雅的凤凰，更有充满蓬勃生机的群鸟欢舞等。在宁波地区出土的越瓷中，最早的鸟纹是奉化、鄞州等地东汉古墓中出土的五联罐上的飞鸟堆塑。之后，鸟就成了越窑瓷器上一个丰富多彩的装饰题材。在东汉、三国、两晋、唐、五代、宋等各时代的越窑瓷器中，都存在着鸟儿的倩影，且采用模印、堆贴、刻划、浮雕、捏塑、戳印等多种工艺技法，多层次地表现鸟

越窑青瓷作品《鸳鸯水注》

儿摇曳生姿的身影。就《宁波文物集萃》一书中所选的越窑瓷器来看，就有鄞州沙堰出土五联罐上的二十余只鸟纹、鄞州出土的三国五管瓶上的振翅飞翔鸟、奉化白杜出土的两件雌雄相对的西晋鸟形杯、慈溪出土的堆塑罐上双鸟御鱼及凤凰、余姚出土的谷仓上低首觅食与伏地栖息的群鸟、余姚文管会藏的青瓷香熏上的立鸟纹、鄞州出土的唐荷花飞鸟纹、镇海出土的唐凤头壶、余姚出土的北宋对凤纹粉盒、宁波和义路出土的铭"唐大中二年"云鹤与寿字纹碗，以及西晋青瓷羊形器等动物上划饰的鸟翼纹等。

鸟是自然之物，然而当其被装饰在越窑瓷器上时，它的自然属性便与人的精神发生了某种呼应，成为一种人文精神和美的象征，表达民俗趣尚和地域文化的内涵。其实，古越族的敬鸟爱鸟习俗源远流长，绵亘不断，远可追溯到七千年前的河姆渡文化中的鸟崇拜。早期越窑瓷器上的鸟纹装饰很可能仍留有河姆渡文化中这种原始崇拜的遗风，如慈溪、余姚、鄞州等地出土的堆塑罐上的群鸟装饰。

然而，随着时代的推进，社会的发展变化，这种原始宗教崇拜意义上的鸟纹装饰逐渐消除，进而演变成欣赏鸟本身的自然之美。如艳丽的翎羽、悦耳的鸣叫声、轻盈的身姿等；或转移到其他象征物上去了。如宁波和义路遗址出土的"唐大中二年"铭文碗上模印的云鹤和寿字纹，则用来象征长寿之意了。再如西晋时期青瓷羊形器、狮形烛台、蛙形水盂、虎子等动物两侧刻划的鸟翼纹，大概是一种民间吉祥符号的象征了。简言之，越窑瓷器上的鸟纹装饰的文化意义，是从心理上崇拜向生理上的审美愉悦方向转化，从敬鸟尊鸟习俗向喜鸟爱鸟风俗发展。

（三）越窑瓷器与祭祀祈祷民俗

人死后用其生前的生活用品或特意再仿照现实生活中某些场景而新制的模型器皿作为陪葬品，并以陪葬器表达生者祈求死者在冥冥之中给人类带来平安吉祥、富贵繁盛的愿望。这种风俗在越窑瓷制器中表现得十分明显。宁波地区慈溪和余姚出土的两件西晋堆塑罐（又名谷仓罐、魂瓶），可以说是这类器皿中的代表作品。堆塑罐从器物造型看似由东汉的五联罐演变而来，西晋时期该类丧葬罐

越窑青瓷作品《四国龙洗》

的造型及装饰已十分繁复，贴塑的纹样有众多的飞鸟、各类人物、重楼飞檐、飞禽走兽、佛像及刻有祈求保佑子孙等吉祥语的碑铭。它较多地保存着那时人们的思维方式和浓重的巫术含意及神秘的宗教色彩。以慈溪鸣鹤出土的一件西晋堆塑罐为例，此罐制作考究、层次分明、釉色青黄。在鼓腹罐上堆叠了三层建筑楼群，以示雄伟繁华。堆塑物从下往上依次有：腹下部堆贴有佛像、一条栩栩如生的游鱼、两名手握武器的卫士和两名骑士、双凤御鱼；腹中部置有狗、羊等家禽和凤凰、卫士及骑兽人；肩部及肩以上部位除堆塑佛像、铺兽衔环、武士、麒麟、双凤、卧羊、骑兽仙人、跪拜人物、蹲兽外，还置有形象生动的人物弹奏和歌舞的场面，罐上遍布群鸟，此罐堆塑的众多人物、动物和所置情景组成了一个隆重的祭祀祈祷场面。当是汉以来古越族民间及上层社会热衷祭神礼佛活动在越窑瓷器装饰上的反映，目的是生者祈求祭祀的对象施于自身和家族以福佑与保护，消除各种祸患，求得平安吉祥，实现五谷丰登、六畜兴旺、人丁繁茂、世代昌盛之美好愿望。

（四）越窑瓷器与尚五习俗

在宁波南门祖关山、奉化白杜、鄞州沙堰等地汉墓中都出土过五管瓶（又名五联罐），其造型为中间一瓶较大，多数呈葫芦状，在大瓶四周匀称地贴塑着四个小瓶，有的还堆塑有飞鸟、人物和走兽等。应该说，它是古越族地区一种特有的尚五器皿。

从以往出土实物看，原始瓷中就有这种五管瓶的式样存在了。这种尚五器皿发展到三国两晋时期仍未消失，只是周围小罐变小了。如余姚、慈溪等地出土堆塑有亭台楼屋以及飞鸟、人物、走兽、佛像的谷仓罐，其中心部分是一中空贯底的楼台建筑，在其四周则堆塑着4个小罐，合在一起为五体相连的结构。1980年，浙江省临安唐水邱氏墓出土的越窑碗为五瓣花口，形似一朵盛开的荷花。同墓出土的越窑青瓷重要作品唐褐彩如意云纹镂孔熏炉，下部的兽足也为五个。1988年4月，在陕西扶风县法门寺唐塔地宫出土的秘色瓷越窑花口盘和花口碗，造型均为五瓣花形。鄞州沙堰出土的国家一级文物瓷灶上的瓷甗底设有五个孔，余姚出土的唐越窑墓志罐底亦设有五个小圆孔，天一阁博物馆收藏的一件北宋粉盒上划饰有五鸟纹，在一些青瓷盏托的口沿，腹壁压成五缺，瓷托中浮雕出莲瓣五朵……这说明越瓷中的尚五现象并非是偶然的巧合。其实，古越族地区至迟在新石器时代就已萌发了原始的"尚五"意识。如在七千年前的河姆渡文化遗址中出土的象牙雕《双鸟异日》蝶形器上的太阳纹，就是由五个同心圆组成的。在另一件蝶形器上的太阳纹也是用五个同心圆组成。用五个圆圈表示太阳，反映出河姆渡人已开始崇尚五了，这在另一块陶片上刻饰着的规整五叶纹，也可得到进一步印证。

河姆渡人为何尚五？正如龙福廷先生在《试论中华民族"尚五"文化》一文中所说的那样，人手的五指应是产生原始尚五意识的根源。劳动创造了人，而手的五指是劳动中最主要、最有用的能动器官。处于生产力十分低下的河姆渡先民们用手的五指创造了他们赖以生存的物质，而离开了手中的五指，就没有了人的一切。恩格斯在《劳动在从猿到人的转变过程中的作用》中说："手并不是孤立的，随着手的发展，随着劳动而开始的对自然的统治，在每一个新的进展中扩大了人的眼界。"河姆渡先民正是在劳动中对五指产生了特殊的感情和认识，以至发展到对五的崇尚，并用五个同心圆圈组成了他们所崇拜的太阳神。而越窑青瓷器中的尚五风习正是河姆渡文化的延续和发展，并形成了一种观念，成了古越族民间风俗的一个组成部分。

（五）越窑瓷器与喜狮、羊、蛙、鸡之风俗

狮是外来动物，然而古越族地区自汉晋时期越窑瓷器上出现得最早的狮子形象以来，它一直深受古越族人们的喜爱。在鄞州出土的一件东汉青瓷五管瓶上，就有三头狮子被装饰在器物腹部。在奉化、余姚文管会和天一阁博物馆都藏有西晋越窑青瓷狮形器。在宁波和义路遗址中还出土了唐青瓷座狮陈设器。由于狮子具有辟邪、祝福的文化象征意蕴，所以深受古越族人的喜爱。在古越族现存的不少跨河而筑的古桥上，在制作精巧考究的宁式家具中，在古建筑砖木雕的装饰件中，在宅居祠庙大门前，在民间的嬉狮舞上，都留有它勇猛威武的雄姿。

羊是两晋时期越窑瓷器上经常见到的装饰动物，如余姚、奉化等地出土的西晋羊形烛台，天一阁博物馆收藏的羊头灯盏，慈溪、鄞州等地出土的西晋堆塑罐上的贴塑羊以及青瓷羊头壶等。汉文中"羊"字与"祥"通，寓意"吉祥"。那么，越窑瓷器上的羊饰物也就是"吉祥"的象征，寄寓着人们祈福趋吉的风俗观念。

象征祥和与丰盈的蛙类动物亦是越瓷上经常出现的瑞物，如余姚湖东乡出土的西晋蛙形水盂，慈溪上林湖出土的东晋褐釉点彩蛙尊、慈溪彭东寺龙出土的北宋荷叶三足蟾蜍水盂，鄞州横溪栎斜村出土的西晋五联罐上的蛙塑件等。蛙是益虫，食害虫，凡蛙多的地方，大多水草丰满、五谷丰登，且宜于居住。因此，喜蛙也就成了古越族先民的风习，故越窑瓷器的装饰上也常见蛙。

三国两晋南北朝时，鸡首也经常被装饰在越窑瓷器上。鸡头罐、鸡首壶、魂瓶上的鸡堆塑、青瓷鸡笼等在宁波地区出土的越瓷中并不少见。"暖暖远人村，依依墟里烟，狗吠深巷中，鸡鸣桑树颠。"在晋代诗人陶渊明描绘的农村生活中，鸡鸣之声唱出了乡村的宁静和安逸。古越族先民喜鸡，除了取蛋、食肉，及斗鸡游戏外，更重要的还在于雄鸡朝鸣司晨的习性，所谓"雄鸡一唱天下白"。在没有钟表计时的古代乡村，雄鸡报晓的作用非同一般。同时，鸡又含有吉（鸡的谐音）祥如意的象征义。在春节时，人们往往把鸡作为供奉的祭品之一。基于此，鸡自然成为美的对象而受到古越族先民的青睐。

四、越窑青瓷烧制技艺的保护与传承

保护是继承越窑青瓷烧制技艺的重要手段。以慈溪市、绍兴市上虞区、杭州市西湖区等为代表的政府部门把研究、恢复越窑青瓷生产作为文化建设的重要内容之一。

四、越窑青瓷烧制技艺的保护与传承

[壹]传承谱系

（一）可考的传承谱系

越窑青瓷烧制历史悠久，大致经历了创始期（东汉时期）→发展期（东吴时期）→繁荣期（西晋时期）→停滞期（东晋时期）→低落期（南朝）→恢复期（初唐、盛唐时期）→发展期（中唐时期）→繁荣期（晚唐时期）→鼎盛期（五代、北宋早期）→衰落期（北宋晚期）→停烧期（南宋中期），具体传承谱系难以记述。

历史上，可考并有确切记载的有：

1. 三国·袁宜：江苏省南京出土的青瓷虎子腹部刻有"赤乌十四年会稽上虞师袁宜作"。

2. 西晋·范休可：江苏省金坛出土的一件坤腹部两侧分别刻有"紫是鱼浦土也"、"紫是会稽上虞范休可作坤者也"。

3. 北宋·项霸：绍兴博物馆藏青瓷执壶一把，腹刻"上虞窑匠人项霸造粮罂瓶一个献上新化亡灵王七郎咸平元年七月廿日记"。

4. 朱尧臣（1940—　）：20世纪80年代，上虞陶瓷厂以朱尧臣为骨干进行越窑青瓷的仿制，其产品曾多次获奖。现已改行。

（二）越窑青瓷代表性传承人简介

1.**嵇锡贵**，第四批国家级非物质文化遗产越窑青瓷烧制技艺代表性传承人。我国首批高级工艺美术师，中国工艺美术大师、中国陶瓷艺术大师，第六届中国工艺美术大师评审专家，浙江省民间文艺十大特聘专家，中国艺术研究院硕士研究生导师，浙江大学客座教授。浙江省文化厅"非遗薪传"特别贡献奖获得者。

作品以陶瓷装饰见长，功底深厚，风格多样，精巧瑰丽，多次作为国家礼品赠送国外元首及嘉宾。曾参与中南海毛泽东用瓷釉下彩"梅竹"成套餐具（7501餐具）的设计制作、上海锦江宾馆国外元首餐具"麦浪滚滚"的设计制作、毛主席纪念堂陈设瓷设计制作等。20世纪80年代到上虞瓷厂指导越窑青瓷的恢复生产，并且多次赴古窑址考察，采集瓷片、瓷土、窑具等资料，进行整理研究。致力于恢复越窑青瓷烧造和装饰工艺。她根据越窑瓷土、釉色的特点，发挥越窑青瓷的艺术特点，凸显越窑青瓷装饰技艺。先后主持实施了越

国家级非物质文化遗产项目代表性传承人嵇锡贵

窑青瓷陶瓷彩绘艺术研究、越窑青瓷艺术的传承与开发、浙江越窑青瓷褐彩装饰艺术的研究、浙江越窑青瓷捏塑创作艺术的研究等项目。曾在北京中南海紫光阁接受中央领导的接见。

她的作品被中国工艺美术珍宝馆、中国国家博物馆、浙江省博物馆、杭州工艺美术博物馆等收藏。她的从艺经历曾被中央电视台《东方之子》栏目拍摄专成题片。出版有《嵇锡贵郭琳山陶瓷艺术》和《中国工艺美术大师全集·嵇锡贵卷》。

2.**孙迈华**，浙江省工艺美术大师、浙江省第一批非物质文化遗产越窑青瓷烧制技艺代表性传承人、中国陶瓷工业协会理事、浙江省陶瓷协会副理事长、浙江省青瓷行业协会副会长、宁波市工艺美术协会副会长，现任慈溪市越窑青瓷有限公司总设计师。1972年，18岁的他开始从事陶瓷制作，在多个岗位上工作过。他参与开发设计的作品多次被国家和中外收藏家收藏，产品远销海内外。2001年8月，应慈溪市政府的邀请来到慈溪，在匡堰镇创立了慈溪市越窑青瓷有限公司。2003年1月，注册商标"上林湖"；6月，注册"上林湖越窑青瓷"原产地标记。

慈溪市越窑青瓷有限公司是国家级、省级、宁波市级非物质文化遗产传承基地，慈溪市社会主义教育基地、慈溪市青少年教育基地。2013年，孙迈华获"中国历史名窑恢复与发展贡献奖"，并在浙江省民族民间艺术资源普查保护成果展暨首届浙江省民族民间工艺美术博览会上获"民间工艺表演奖"。

2002年至2013年，他的作品有《秋声赋》、《涟》、《刻花纹饰灰釉粉盒》、《蝶恋花盖罐》、《痕迹·岩》、《合欢—

浙江省非物质文化遗产项目代表性传承人孙迈华

金鱼洗》、《越瓯一组》、《堆塑罐》、《神仙宴乐堆塑罐》、《流绞泥盘一组》、《罗汉钵》等。曾获第七届全国陶瓷艺术设计创新评比二等奖、第一届全国陶瓷艺术展中陶杯银奖、第八届全国艺术设计创新评比银奖、宁波市首届工艺美术精品展金奖、联合国教科文组织国际陶艺学会第43届国际陶艺大会学术交流优秀奖、首届中国（浙江）工艺美术精品博览会"东雕杯"金奖、第二届中国（浙江）工艺美术精品博览会特等奖、浙江省第二届青瓷传承与创新设计金奖、2010中国（浙江）非物质文化遗产博览会银奖、第九届全国陶瓷艺术设计创新评比银奖、2011年首届"大地杯"陶瓷作品评比银奖、2013年第三届中国工艺美术精品博览会金奖等。

3.**陈鹏飞**，浙江省非物质文化遗产项目越窑青瓷烧制技艺代表性传承人。浙江省陶瓷工艺美术大师，中国收藏家协会专业委员会主任、浙江省包装协会常务委员。从1979年起从事陶瓷生产及企业

浙江省非物质文化遗产项目代表性传承人陈鹏飞

管理。2000年，创建了浙江省上虞市三雄陶瓷有限公司。2006年，在江西景德镇市陶瓷科技园区，投资新建江西省景德镇市三雄陶瓷有限公司。2011年，新建上虞丹青瓷三雄陶瓷有限公司。2012年，控股江西省景德镇市古芳园包装设计有限公司。

4.**俞支援**，浙江省第三批非物质文化遗产代表性传承人，绍兴市民间工艺美术大师。2004年前，他搜集与整理完成了上虞境内所有古窑址的考证。同年，与浙江大学硅酸盐研究所合作钻研越瓷的釉色配方。2006年，开始授徒，培养徒弟5人。他独立仿制陕西法门寺出土的秘色越器，被收藏界和陶瓷界所肯定。2011年，在上浦中学设立传承基地。2012年，建立大师工作室。2013年，又在上虞中学

浙江省非物质文化遗产项目代表性传承人俞支援

建了第二个传承基地，辅导学生制作青瓷。曾协助中央电视台拍摄三集《越窑秘事》专题片、浙江电视台《汉唐越窑》"非遗"纪录片等。2014年，成立了上虞越瓷陶业有限公司，注册商标为"小仙坛"。在西湖博览会"中国中青年青瓷大师精品展"中，作品《高仿牡丹瓶》获得了工艺美术奖银奖；在"民美荟馨"首届浙江省民间手工艺精品展中，作品《嵌银梁祝越瓷盘》获得银奖。

5.**董文海**，16岁始在上虞陶瓷厂学艺，曾任烧窑、装窑、出窑、练泥、成形工，副厂长。企业改制后，与朱生灿等人合股创办了上虞越瓷陶业有限公司。2010年，创办了东山越窑青瓷坊。2012年，获绍兴市首届民间才艺巧手大赛银奖；是年10月，《莲瓣纹盖罐》与《莲花托

董文海工作照

盏》两个作品获中国（杭州）工艺美术精品博览会银奖；11月，作品《海棠莲瓣如意托盏》获得浙江省第三届青瓷传承与创新设计银奖，作品《海棠双系瓜棱执壶》获铜奖，并获省百名大师绝技展金奖；是年，获绍兴工艺美术优秀艺人奖、上虞市谢晋文化贡献奖、上虞市谢晋文化优秀作品奖。完成了央视四套大型系列报道"远方的家"沿海行45集电视片《古韵绍兴》中越窑青瓷部分的拍摄。

2013年，作品《海棠盏莲瓣座如意足托盏》获第三届中国·浙江工艺美术精品博览会金奖，作品《博山炉》获银奖。2014年，被授予"绍兴市工艺美术大师"称号；同年4月，作品《越窑如意莲花托盏》与《越窑网纹洗》获省工艺美术精品博览会金奖，作品《执壶》与《刻花粉盒》获银奖；是年6月，37件越窑青瓷参加全国十五届工艺美术大师暨国际工艺美术精品博览会，其中《葵口碗》获银奖、《执壶》获铜奖。2015年1月，被浙江省人民政府授予浙江省工艺美术大师称号。

6.**顾少波**，2014年绍兴市工艺美术五星级民间艺术人才，中国文物艺术品高级鉴定师，现任上虞市顾氏越窑青瓷研究所所长。

顾少波工作照

作品《吾色洗》获第十五届中国工艺美术大师作品暨国际艺术精品博览会（扬州）"中国原创百花杯"金奖；《花间忆》获2014中国国际轻工消费品展览会文化创意金奖；《一品盏》获2014年中国（杭州）工艺美术精品博览会金奖，《莲台盏》获云南省工艺美术第八届"工美杯"金奖，《圆满》获首届中国（苏州）民间艺术博览会金奖；论文《千年古窑——关于上虞越窑烧制技艺恢复和产品创新开发》获2014年"中行杯"上虞青年创新创业大赛文化创意类金奖；《秘色莲瓣纹盖罐》和《秘色牡丹纹尊》获第四届浙江工艺美术精品博览会"中信杯"银奖；《莲之昭昭》和《月夕花朝》分别获2013年中国（杭州）工艺美术精品博览会银奖和铜奖。《莲之昭昭》和论文《刍议早期越窑支烧具的相关问题》同获上虞区谢晋文化优秀作品三等奖。

7.**孙威**，浙江省工艺美术优秀人才、宁波市工艺美术大师、宁波市非物质文化遗产越窑青瓷烧制技艺传承人、中国陶瓷工业协会

孙威工作照

理事、中国工艺美术行业理事会理事、浙江省工艺美术协会理事、宁波市工艺美术行业协会副秘书长，现任慈溪市政协委员。师从嵇锡贵、高峰。大学毕业后一直从事越窑青瓷的研究与制作，在传承历史文化的同时，积极开发越窑青瓷新产品。由他设计、开发的产品：花瓶系列，挂盘系列，茶具系列，酒具系列及罐、尊、罍、洗、粉盒、文具等上百种，并致力于"越瓯"乐器的制作。作品《刻花纹饰灰釉粉盒》获2006年中国轻工业联合会、中国陶瓷协会举办的第八届全国艺术设计创新评比银奖，《远山》荣获联合国教科文组织国际陶艺学会2008年第43届国际陶艺大会学术交流优秀奖，《涟》荣获2008年第五届中国陶瓷设计大赛华光杯优秀奖，《敦煌印象—飞天瓷盘一组》荣获2009年首届中国浙江工艺美术精品博览会"东雕杯"银奖，《越瓯一组》荣获2010年第二届中国（浙江）工艺美术精品博览会特等奖，《神仙宴乐堆塑罐》荣获2010年浙江省第二届青瓷传承与创新设计评比金奖，并荣获第九届全国陶瓷艺术设计创新评比银奖，《流绞泥盘一组》荣获2011年首届"大地杯"陶瓷作品银奖，《罗汉钵》荣获2013年第三届中国工艺美术精品博览会金奖。

8.**施珍**，宁波市工艺美术大师、宁波市"非遗"项目代表性传承人、慈溪市上越陶艺研究所所长、浙江省工艺美术行业协会常务理事，浙江省工艺美术优秀人才、浙江省优秀民间文艺人才。2000年，施珍成立了上越陶艺有限公司。师从龙泉青瓷"非遗"传承人徐朝兴，成为徐朝兴唯一的嫡传女弟子。2011年，创立了上越瓷艺研究所，招收了4个徒弟。作品《团团圆圆》、《和谐之声》、《上林随想》等被台湾会馆和浙江省博物馆永久收藏。《蓝色的风》、《缠枝如意罐》、《婴戏对碗》、《双龙戏珠》、《梅花》（系列一）、《梅花》（系列二）、《秋意浓》、《锦施蓝缠枝牡丹罐》、《越窑荷花瓶》、《越窑系耳纹草洗》、《金鱼双耳瓶》、《缠枝菊花葵口瓶》、《卷叶牡丹瓶》等在中国工艺美术展中荣获铜奖。《蓝花花》在2002中国工艺美术"华艺杯"、浙江省第二届青瓷传承与创新设计评比、"非遗薪传"浙江青瓷精品展、第九届全国陶艺艺术设计创新评比、2010"天工艺苑·百花杯"中国工艺美术精品展、2012中国（浙江）非物质文化遗产博览会浙江青瓷精品展、2012年"金凤凰"扬州赛区创新产品设计、2012年中国（杭州）工艺美术精品博览会、第三届浙江工艺美术精品博览会"明清居杯"等展赛上分别获得金、银、铜

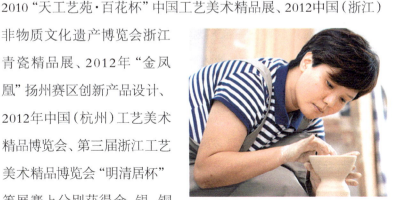

施珍工作照

奖数十项。

[贰]保护与发展

（一）越窑青瓷烧制技艺的存续现状

历史上，先后有三大越窑青瓷生产中心，一是上虞曹娥江中游地区，二是慈溪上林湖一带，三是鄞州东钱湖地区。其中以慈溪上林湖为最盛。从遗址的情况看，上虞曹娥江地区越窑遗址堆积丰富，规模宏大，时间跨度长，因而慈溪市与上虞区被称为"露天青瓷博物馆"。

对古窑址的保护是慈溪市、上虞区文保工作的重点，数以千计的馆藏青瓷也是慈溪、上虞博物馆馆藏文物的一大特色。虽然慈溪市、上虞区政府对越窑青瓷的保护、研究、开发工作十分重视，近年成立了不少越窑青瓷的生产、管理机构和陶瓷艺术工作室，但越窑青瓷还是面临着一定的濒危状况。

首先是对古代越窑青瓷的烧制法研究不够。由于年代久远，工艺失传时间较长，加上专业人才匮乏，对古代越窑青瓷的制作、烧造的工艺全程研究不够透彻，没有全面彻底地了解当时工艺的全貌，而且还没有一个系统的研究与生产的规划。

其次是由于农村基本建设的蓬勃兴起，古窑址所在区域也较为偏僻，当地村民对文物保护意识不够强，专业文物保护人员数量较少，这都对古窑址的保护产生了不利的影响。

要做好越窑青瓷的保护、传承和发展，人才组织和培养问题是第一位的。越窑青瓷当前工艺大师缺少和巨大的市场潜力之间的矛盾已经日益突出。以传统技艺烧制越窑青瓷的企业、作坊数量少，生产经营规模不大，且生产越窑青瓷并不是这些企业的主营产品，私人作坊的规模更小。在市场经济的冲击下，年轻人大多不愿意深入持久地从事这一行业，所以面临着人才断档的困境。而既能掌握越窑青瓷烧制的专业技术，又能了解整合民族技艺文化，促进越窑青瓷烧制技艺的转型和创新发展的人才更是少之又少。如不尽快建立一支稳定的师资队伍并开展相应的科研活动，越窑青瓷的制作就会后继无人。

现代的越瓷生产并未完全继承传统的生产工艺。众所周知，越窑青瓷是技术与艺术结合的典型，但近代科技文明孕育了产业革命，机械生产和系统内严密的分工，把艺人局限于局部、单一、重复和枯燥的操作之中，技术与艺术合璧双赢关系被彻底地肢解了，这使传统的越窑青瓷烧制技艺面临着严峻的挑战。

瓷土原料的保护与利用也迫在眉睫。在上林湖地区最难的一个问题就是瓷土难觅。经过上千年的挖掘，土壤产生变化，青瓷所需要的高岭土要么深埋在地下，要么挖掘范围狭窄。偶尔找到隐藏在竹林中的瓷土，也会因为村民的干涉而不得不放弃。再则，因政府用地指标有限，所以瓷土原料出现危机。

（二）传承与保护

越窑青瓷经历实用品阶段、实用观赏品阶段和观赏品阶段，有悠久的艺术发展历史。当越窑青瓷烧制技艺被列入非物质文化遗产名录时，我们首先该想到的是如何去继承、保护、发展和利用这一宝贵的非物质文化遗产资源。而保护是继承越窑青瓷烧制技艺的重要手段。所谓"保护为主，抢救第一，合理利用，传承发展"，是在特定环境中得出特定的有意义的理念。对此，以慈溪市、绍兴市上虞区、杭州市西湖区等为代表的政府部门把研究、恢复越窑青瓷生产作为文化建设的重要内容之一。这是具有前瞻性和创新性的，它将为非物质文化遗产的保护和发展奠定强有力的基础并指明了方向。

目前，越窑青瓷文化产业已进入一个新的发展阶段，成为推动经济社会发展的一大优势。但从契合新时期、新阶段文化产业大繁荣、大发展的要求来看，仍有一些深层次的问题制约着其发展的速度。如整体产业规划滞后，青瓷文化阵地建设薄弱，行业发展与资源保护的矛盾没有得到有效地调处；青瓷文化的发掘和提炼的层次不高；企业规模小，产品营销模式单一，缺乏市场竞争力；高素质人才缺乏，青瓷文化与旅游等产业协调联动性不强，制约了行业间的互补共赢发展，等等。

面对上述这些问题，把浙东宁绍地区建设成为集越窑青瓷展示中心、研究中心和交易中心为一体的重要集聚地，必须从提高越窑青瓷的文化品位入手，坚持保护性开发，立足长远发展，打造产业链，用市场经济效应引领越窑青瓷文化产业；推动文化涵养经济，用深厚的历史底蕴提升越窑青瓷文化产业；实现资源与效益的整合，市场与产品的互动，文化与经济的融合，不断促进青瓷文化产业集约化发展。

构筑战略平台。争取省、市政府重视，在政策、项目、资金上给予扶持。加强组织领导，成立由县分管领导牵头的越窑青瓷文化产业发展领导小组，聘请专家学者组成越窑青瓷文化产业发展咨询委员会，研究和协调越窑青瓷文化产业重点和难点问题。改革现有政府管理机制，配备越窑青瓷管理委员会力量，加强对越窑青瓷文化产业的管理和服务。区（市）财政、国土、工商等相关部门要切实履行职能，建立协调机制，齐抓共管。建立完备的中远期规划体系，把越窑青瓷文化产业的发展纳入全区（市）经济社会发展总体规划。

完善扶持政策。区（市）财政要加大对越窑青瓷文化产业的扶持力度，要根据《浙江省传统工艺美术保护条例》，建立越窑青瓷文化产业保护发展专项资金，区（市）财政每年要安排预算不少于500万元，用于作品征集、人才培养、青瓷文化研究等方面。财政、工商、税收等部门出台相关扶持政策，鼓励个体生产者经过整合，以小企业的生产模式进行生产经营，对有一定规模的生产经营企业予以扶持，做大做强。金融机构要加大对越窑青瓷生产经营企业信贷支持力度，做好贷款支持工作。

做好与旅游、海外文化交流等方面的文章，开发越窑青瓷旅游路线。以慈溪、上虞博物馆为中心，结合慈溪上林湖、上虞曹娥江为基地，以古窑址为景点，打造一条精品旅游线路。挖掘越窑青瓷文化产业的旅游附加值，开发越窑青瓷旅游产品，把越窑青瓷与旅游业结合起来，把观光、购物、休闲融为一体，形成越窑青瓷文化产业链，使之成为文化产业经济新的增长点。

加强越窑青瓷资源开发保护，坚持开发与保护并举，走可持续发展之路。出台《越窑青瓷开发保护管理办法》，加强对越窑青瓷资源的监管保护，进一步规范越窑青瓷资源有序开发和管理。国土资源管理部门要加强对矿山的管理，安全管理部门要开展安全评估，对越窑青瓷重点产区要进行区域划定和管理。建立市场运作机制，利用统一拍卖形式提高越窑青瓷的市场效益。

慈锡贵出席摩洛哥"遗产与现代化"研讨会

构筑越窑青瓷文化平台。加强越窑青瓷文化内涵的宣传和弘扬，加强与省内外高等院校的学研合作，争取成为这些高等院校的研究实习基地。积极开展与其他区域的青瓷文化交流，争取成为全国越窑青瓷研究中心。

要大力推进越窑青瓷文化内容创新，扶持和推动优秀青瓷文化产品的创作、生产与传播，鼓励越窑青瓷文化创作人员不断创作出满足人们欣赏、享受和贴近人们生活、贴近实际，具有传承和创新意义的作品，提高越窑青瓷文化的品位和档次。要充分发挥越窑青瓷技艺特色，走越窑青瓷精品创作与旅游产品开发相结合的文化产业之路，进一步开发具有时代气息与越窑青瓷工艺特色的高档工艺品和旅游产品。

要利用多种宣传媒体和途径，展示越窑青瓷的文化魅力，提高越窑青瓷的知名度。要通过举办各种研讨会、巡回展、拍卖会、艺术节等多种形式和系列专题活动弘扬越窑青瓷文化。要利用媒体创作一批以越窑青瓷文化为主题的影视作品，出版一批越窑青瓷文化最新研究成果的书籍，大力宣传、弘扬越窑青瓷文化。宣传越窑青瓷文化要以文化市场推广互动，要不定期地在国内外大中城市开展越窑青瓷推介会，要鼓励企业到全国各地开设统一以越窑青瓷为品牌的连锁店，要扶持企业

越窑青瓷在博物馆展出

到国内外大型会展参展，作文化展示和产品推广，加大对越窑青瓷文化知识传播的覆盖面。要营造"中国越窑青瓷之源"、"中国越窑青瓷之都"的浓厚氛围，在公路沿线设置系列大型越窑青瓷文化宣传标牌，在沿线的绿化、美化上充分融入越窑青瓷文化特色，造就浓郁的青瓷文化气息，使之渗透到全区（市）的经济、文化和社会生活的各个层面。

深入研讨越窑青瓷理论体系，推动研究基地建设。建立越窑青瓷专门研究机构，聘请专业的馆员和研究员，整理越窑青瓷烧制技艺理论，挖掘越窑青瓷历史文化。要加强对大师、名艺人等制作技艺的整理和总结，出刊一批研究性成果，整合和提升越窑青瓷文化内涵。要不断加大对越窑青瓷博物馆的投入，充分发挥博物馆的展示、交流和科研平台作用，做好越窑青瓷在各个时期的代表性作品征集工作，保持越窑青瓷文化在各个时期发展历史的延续性。

构筑人才平台。大力培养本土人才，加强越窑青瓷文化队伍建设。积极引进各类瓷文化人才，逐步建立全国性的瓷文化培训基地。注重引进具有一定知名度和影响力的青瓷文化鉴赏、评论人才，使慈溪市、绍兴市上虞区以及杭州市西湖区成为全国青瓷鉴赏中心，青瓷文化挖掘提升的学术中心。

要坚持引进人才和培养人才并重，引进人才和引进智力并重，建立"政府引导、行业指导、单位自主、个人自愿"的人才引进、培养和使用机制,使人才队伍的总量得到较快的增长,结构得到较好的改善,质量得到明显提高。大师要起传承技艺的带头作用,专业技术人员要自觉接受再教育培训,提高创作素质,成为越窑青瓷创作的主力军。营造创造人才引进和人才脱颖而出的良好环境,鼓励大中专工艺美术院校毕业生从事越窑青瓷行业,大力引进外地高技能的青瓷创作人才。要就地培养人才,充分发挥"师带徒"培养后备人才。开设越窑青瓷制作艺术学校,建立培训基地,为青瓷文化产业输送新的血液。采取激励措施,建立创新人才奖励机制,营造尊重人才、吸引人才、发挥人才作用的良好舆论环境、竞争环境和社会氛围。

最后,需要特别指出的是,从越窑青瓷文化发展的历史来看,越窑青瓷文化建设将是任重而道远的工程。我们应该清楚地认识到,越窑青瓷文化的形成、发展和演变,它的主体始终是人民群众,群众始终是青瓷文化的发起者、实践者和受益者,我们要相信他们,依靠他们。对于历史形成的越窑青瓷文化特色,我们需要弘扬和发展,需要经营和创新。只有这样,我们才能无愧于祖辈传下来的地域文化事业,才能无愧于这个伟大的时代。

[叁]文化交流与传播

(一) 越窑青瓷烧制技艺的传播

越窑制瓷技术向海外传播，当数对高丽青瓷的影响最大。

高丽青瓷是朝鲜半岛在高丽王朝建国前后极短的时间内，直接产生的一种与中国晚唐越窑青瓷十分相似的瓷器。高丽窑工在继承、消化中国制瓷技艺及装饰手法的过程中很好地融合了高丽文化的内涵，发展成为既有中国青瓷传统工艺、技术特征，又有高丽本国文化、艺术特色的世界著名瓷窑体系。朝鲜半岛窑场对越窑的了解，越窑与高丽青瓷的关系，不仅仅是单纯的陶瓷技艺的交流，而是两国之间的政治、经济、文化、宗教、艺术等多方面的交流。越窑制瓷技术向朝鲜半岛传播主要表现在两个方面：一是9世纪末至10世纪初，朝鲜半岛出现的龙窑，是从越窑引进的，其装烧技艺也与越窑相类似：有泥点叠烧、匣钵装烧、支钉垫烧等多种装烧方式并存。朝鲜半岛上的龙窑也与越窑窑场一样，在窑床的底部铺有一层泥沙，以防粘连。两地龙窑的窑炉结构、装烧技艺如出一辙。二是高丽青瓷，尤其是素面高丽青瓷，无论是造型，还是釉色，与越窑青瓷简直难以分辨。高丽青瓷在继承越窑青瓷工艺技术及风格上是全方位的。韩国国立中央博物馆馆藏的高丽青瓷八棱长颈瓶，除了器身刻饰的花纹外，其造型与陕西扶风法门寺地宫所出的秘色瓷八棱长颈瓶极其相似，只是在口沿下多置一个小系而已。

越窑制瓷技术还向和中国隔海相望的日本传播。唐代时，日本开始仿制中国瓷器，日本猿投窑的烧造方法即是模仿越窑的制瓷工艺的，其造型和纹饰也受到越窑青瓷影响。日本还从中国进口制瓷原料。埃及也曾大量仿制中国陶器，仿造越窑的刻划花，以至于国外学者惊叹分不清中国陶瓷与埃及陶瓷的区别。

（二）海底沉睡千年的越窑青瓷

由中国到印度的海上航线最早的记载是法显在公元414年乘商船途经印尼的爪哇到印度去取经。到七八世纪，佛教徒经印尼航向印度朝圣取经更加频繁，当时的爪哇及苏门答腊也成为佛教徒中途休整的地方。义净法师在671年12月从中国到达苏门答腊南部的室利佛逝，并花了6个月时间在那儿攻读梵文，室利佛逝的统治者派船送他去印度收集、译读佛经，前后15年。686年，义净返回室利佛逝，并在那儿住了五六年才回国。当时室利佛逝王国的首都叫旧港，位于穆希河边，是当地政治和商业贸易中心，也是当时重要的佛教精神据点和研究中心。室利佛逝在梵文中是光荣胜利的意思。室利佛逝王朝在7世纪崛起，到14世纪逐渐衰落。随后迎来了满者伯夷王朝，开始伊斯兰化，除了保持印度教信仰的巴厘岛以外，印度尼西亚和马来西亚都被纳入伊斯兰教的范围之内。

1.海上丝绸之路

唐代贞元年间，中国对外交通中最重要的一条航线是：从广州出发，沿着中南半岛东海岸南航，穿越马六甲海峡，进入印度洋、孟加拉湾，到达印度南端，再沿着印度西海岸航行，到达波斯湾，进入霍尔木兹海峡，溯底格里斯河，到达大食帝国首都巴格达。如果从乌拉国沿波斯湾西海岸航行，出霍尔木兹海峡后，可以进入阿尔曼湾、亚丁湾和东非海岸。

唐初，佛教故乡印度对中国信徒有着巨大的吸引力，随着海上丝绸之路兴起，僧人搭乘商船西行朝圣者众多。商船一般从广州、交州直航南海，经过室利佛逝、柯陵、末罗瑜等国，再进入印度洋，直抵印度。而来自阿拉伯及波斯湾诸国的商船也是这样，由印度洋经过印尼的室利佛逝驶往广州进行商贸活动。因此，海上丝绸之路几乎是以室利佛逝，即今苏门答腊的巨港为交接站，这里成了贸易、文化交流的桥梁，也是佛教传播的中心。因而南宋地理学家周去非在他所撰的《岭外代答》中说："三佛齐国（室利佛逝）在南海之中，储蓄水道之要冲也。东自阇婆（爪哇）诸国，西自大食（阿拉伯），故临诸国，无不由其境而入中国。"

唐宋元以来，陶瓷是中国大宗出口产品，当时邢窑、定窑、长沙窑及越窑等产品都非常出名，大批青瓷和白瓷通过广州等口岸销往东南亚、印度、阿拉伯和东非地区。

南宋中后期，泉州对外发展的势头赶上并逐渐超过了广州。元朝末年，泉州发生十年外族叛乱，百业凋敝，海上贸易停顿，船舶从此不再出海，中介商、波斯人、阿拉伯人也不再来，泉州港就此没落，代之兴起的是漳州的月港。

月港即今福建省龙海市的海澄，居民一向以海为生，以舟为田，从事南海贸易。虽然明太祖实施海禁，但由于月港地处边隅，朝廷鞭长莫及，在成化、弘治之际，海外贸易已相当繁荣。中国商船继续涌向爪哇西部的下港进行贸易，龙牙门（今凌牙群岛）更成为中国和南海之南、苏门答腊岛东部、爪哇诸岛屿之间海上航路的枢纽。《东西洋考》记载，商船从月港出洋，南航经广东南澳岛、交趾洋、新州港、赤九山、昆仑山、东西竺再取长腰屿（今廖内民丹岛），经龙雅大山、彭加山抵詹卑及旧港，然后借季候风穿越马六甲海峡驶往印度及中东诸国。

其实，自中国与中东诸国通过海运进行贸易以来，这条海上丝绸之路的航线，不论从扬州、广州、泉州还是月港出发，基本上是配合了季候风的方向，遵循这条航线经印尼往中东而去。

2.唐代黑石号沉船中的越窑青瓷

1998年，在印尼苏门答腊南端的彭加山岛附近名为勿里洞岛周围的海域，有一群印尼渔夫潜水采集海参，无意中踩到一堆瓷碗。从此在这片原本平淡宁静的海床上掀起一股探海热潮。

印尼政府当时委托德国一家海上打捞公司进行勘查与发掘，找到一条深陷海泥、保留得很好的沉船，从船上起获一批湖南长沙窑瓷器、邢窑白瓷、白釉绿彩瓷及数百件越窑青瓷。其中长沙窑褐釉碗上最早的署款是"宝历二年七月十六日"，正是唐敬宗李湛在位时期的丙午年间烧造的。根据考古研究,这是一条来自阿拉伯的商船,其龙骨长15.3米,船身20~22米长,而船身的木板结构全用椰壳纤维缝合,其工艺技术是典型的中东方式。

从沉船的地点看,这只商船可能是由广州出航,经海南岛、越南、勿里洞兜了一圈抵达苏门答腊的旧港,再北上马六甲海峡,往印度及中东而去,却不幸在勿里洞海湾触礁沉没了。

沉船上的中国瓷器,当时是要运送至中东伊斯兰诸国。为了迎合中东国家广大伊斯兰教徒的需要,5万多件长沙窑瓷器上的纹饰带着伊斯兰教的风格,有些纹有阿拉伯经文,有些绘有中东风格的人物图像、植物及抽象几何图形。但也有许多纹饰与佛教典故息息相关。特别是越窑青瓷的瓷碗、水注、酒壶、熏炉等器物,更是带有浓浓的佛教色彩,说明这艘船中途也在印尼的室利佛逝及中爪哇一带进行贸易,为当时佛教盛行的旧港提供了不少与佛教有关的商品。

3.印尼爪哇井里汶沉船的越窑青瓷

2004年2月,一支比利时海底勘测团队在印尼爪哇井里汶岛海域发现了一条五代时期的沉船,沉船深埋海底,距水面有52~57米之深,使得挖掘工作困难重重。大批潜水员经过22000次潜水作业,直到2005年10月才把沉睡在水底一千多年的中国陶瓷、金银器、玻璃器及宝石等带上水面。

　　这条沉船的龙骨长24米，船身长30米，宽12米。船身配有两个狭长的帆。从船的遗骸可以看出这是一条8世纪在印尼海域间穿行的贸易船。它从大型海船上运送货品，进行物物交换的生意。沉船里除了有几百件定窑白瓷，还起获了10万多件的越窑青瓷器，其中有9万多件碗碟、200多件执壶及不少形制多样的器皿，如水盂、套盒、熏炉等。

　　在这大量的越窑青瓷器物里发现了一个周身凸雕莲瓣的大碗，底足上刻了"戊辰徐记造"的字样。这戊辰年就是968年，当时的钱氏王朝烧造瓷器以进奉宋皇室，以求吴越国能免被征讨而平安生存。

　　井里汶沉船中的越窑青瓷，不管是碗盘、盖盒、水盂、执壶、四系罐或盏托，纹饰变化多端，洋溢着浓郁的佛教风格。

　　纹饰中浮雕莲瓣纹占了不少，而且刻工玲珑，凹凸有致。其他如以细线描刻双雁、双蝉、双鹦鹉、龙纹及荷花的纹饰也为数不少，都是寺院里常见的纹饰。有一个大盘，遍体布满莲叶的纹脉，正中站着一只乌龟，正是文献中所说"龟千岁，游于莲叶之上焉"，是祝人长寿的含义。其中有几件罕见的越窑器介绍如下：

　　鹿形盖盒。在打捞工作的最后一天，意外地捞起了一个很精致的鹿形盖盒，真是如获至宝。这件器物虽小（约8厘米长，5厘米高），但做工细巧，盒子形状如一只伏卧的鹿。盒盖为鹿身造型，鹿弯首修舔毫毛，一支鹿角尚完好。而盒身则是鹿的下半身，鹿腿交叉相叠，明晰可辨。这样的鹿形盖盒在越窑瓷器中系首见。相关人士推测，这也许出自《鹿王本生图》里九色鹿的传说，说是释迦牟尼前生是一只九色鹿，他救了一个落水即将淹死的人而反被此人出卖的故事。

摩羯塑件。是一个巨型摩羯鱼塑件，尾巴后翘，鱼头仰天，形象生动。长14厘米，高约34厘米，看似作油灯之用。鱼鳞及鳍纹凹凸嶙峋，鱼头结构从眼到腮都清晰可辨，毫不含糊。摩羯鱼的形象源自印度教，后成为佛教中的经典动物，以摩羯大鱼来比喻菩萨，寓意以爱念缚住众生，不到圆寂成佛终不放舍。摩羯鱼也是水神，常在海里逡巡，拯救将沉之船。

在印尼国家博物馆，同样有一个五代越窑摩羯灯，而远在荷兰北部小镇利瓦登的一个博物馆里也展示有同样的摩羯灯。原来印尼曾经被荷兰统治了300年，直到20世纪中期才摆脱荷兰的统治，所以荷兰博物馆的许多藏品都来自印尼。

而在苏门答腊巨港也有几件在穆希河里打捞出水的摩羯鱼油灯，证明当时作为佛教象征的摩羯鱼颇受当地崇佛民众尊崇。在中爪哇，世界奇迹之一的佛教圣地婆罗浮屠的七层楼的寺院，每层梯阶都雕有摩羯的石像，取其神圣之意。

八角大执壶。高20厘米，完好无损，长流弯柄。引人注目的是在壶身的8个侧面上，精巧地雕刻有八仙人物，云气缭绕，蛮有趣味。八仙故事产生起于唐宋而完成于元时，老百姓参拜八仙借以求仙赐福,避祸安身。与室利佛逝民众求佛保护的愿望相一致。

　　曾有相关人士受新加坡圣淘沙集团之邀,帮助鉴定黑石号沉船打捞的唐代长沙窑、越窑青瓷等。得知黑石号沉船是一艘阿拉伯制造的船,即断定这是来自中东的商人到中国扬州等地购货的船只。因为许多瓷器的纹饰都是伊斯兰教的风格,甚至有3件完整的青花瓷也绘着椰枣纹和菱形框子的伊斯兰教纹饰。许多长沙窑瓷器以及几乎所有的越窑青瓷都绘有佛教纹饰及字样。那是因为阿拉伯人认定这艘商船会顺着风势航行到印尼的室利佛逝,打算将这些绘有佛教纹饰的器物在那儿出售,换取香料及其他产品。

　　2004年在中爪哇井里汶打捞出水的10世纪沉船,被鉴定为航行于印尼诸岛的接驳船。船上装载的大量越窑青瓷是想供应给室利佛逝及中爪哇人的。在婆罗浮屠的佛塔石雕中也能看到许多这样的印尼船的图像,船上坐有人,还捧着一些中国瓷器。可见越窑青瓷与室利佛逝等国的佛教渊源有多么深厚。而越窑青瓷直到如今还相继在室利佛逝的旧都穆希河里不断被发现,更是反映了越窑青瓷一千多年的辉煌历史。

后记

　　这部凝结着基层文化工作者以及"非遗"专家、学者汗水和心血的《越窑青瓷烧制技艺》一书终于付梓了，作为编著者内心的喜悦无以言表。

　　根据《浙江省文化厅关于做好"浙江省非物质文化遗产代表作丛书"第三批国家级非物质文化遗产名录项目编纂出版工作的通知》要求，2015年要完成第三批"国遗"58个项目丛书的编纂出版工作，《越窑青瓷烧制技艺》一书也列入其中。2015年1月，编著者受绍兴市上虞区文化馆（"非遗"中心）、慈溪市文化馆（"非遗"中心）、杭州市西湖区文化广电新闻出版局及贵山窑陶瓷艺术工作室的委托，着手编著《越窑青瓷烧制技艺》一书。

　　由于时间紧、任务重，各单位的工作人员全力以赴、密切配合，及时、快捷地通过QQ在网上发送电子稿文本与图片资料，编著者不遗余力，抓紧时间，力求精益求精，前后几易其稿，终于在2015年5月初完成初稿，并送三家保护单位进行初审。而后，在各单位提出宝贵意见的基础上进行考证与修改。7月底，将初审稿送省文化厅专家组再审后，方交付出版社出版。

在此特别感谢浙江省文化厅"非遗"处，宁波慈溪市文化馆、绍兴市上虞区文化馆、杭州市西湖区文化广电新闻出版局等单位的指导和支持。感谢省文化厅"非遗"处处长王淼和李虹老师、杭州市文化馆研究馆员林敏、国家级非物质文化遗产代表性传承人嵇锡贵、杭州市西湖区文化广电新闻出版局宋雅清、慈溪市文化馆（"非遗"中心）陈趣联、绍兴市上虞区文化馆（"非遗"中心）柯妮赛及贵山陶瓷研究室周明明等所提供的帮助；还要感谢省级代表性传承人孙迈华、孙威、施珍、陈鹏飞、俞支援、董文海、顾少波等为本书提供宝贵资料；也感谢审稿专家都一兵。

因时间仓促及编著者水平有限，书中难免有疏漏、错误和不妥之处，恳请专家和广大读者批评指正。

编著者：林天仁

2015年9月

责任编辑：盛　洁
装帧设计：薛　蔚
责任校对：王　莉
责任印制：朱圣学

装帧顾问：张　望

图书在版编目（ＣＩＰ）数据

越窑青瓷烧制技艺 / 嵇锡贵, 陈趣联, 柯妮赛主编；
林天仁编著. -- 杭州：浙江摄影出版社, 2015.12（2023.1重
印）

（浙江省非物质文化遗产代表作丛书 / 金兴盛主编）
ISBN 978-7-5514-1189-9

Ⅰ.①越… Ⅱ.①嵇… ②陈… ③柯… ④林… Ⅲ.
①越窑－青瓷（考古）－烧成（陶瓷制造）－研究－浙江
省 Ⅳ.①K876.34

中国版本图书馆CIP数据核字(2015)第277769号

越窑青瓷烧制技艺

嵇锡贵　陈趣联　柯妮赛　主编　林天仁　编著

全国百佳图书出版单位
浙江摄影出版社出版发行
　　　　地址：杭州市体育场路347号
　　　　邮编：310006
　　　　网址：www.photo.zjcb.com
制版：浙江新华图文制作有限公司
印刷：廊坊市印艺阁数字科技有限公司
开本：960mm×1270mm　1/32
印张：6
2015年12月第1版　　2023年1月第2次印刷
ISBN　978-7-5514-1189-9
定价：48.00元